Jahrbuch 2023
Lokomotiven

PODSZUN

Liebe Leserin, lieber Leser!

Vor Ihnen liegt die 22. Ausgabe des Jahrbuchs Lokomotiven und wir freuen uns, Ihnen wieder interessante Themen rund um Ihr Hobby anbieten zu können. Dank gilt an dieser Stelle allen Autoren und Bildgebern, die in den letzten Wochen und Monaten mit Engagement und einer Menge Zeitaufwand gearbeitet haben, damit dieses Jahrbuch rechtzeitig erscheinen kann. Übrigens: Abbildungen, die nicht namentlich gekennzeichnet sind, wurden jeweils von den Verfassern der Artikel zur Verfügung gestellt.

Vielen Dank, liebe Leserin, lieber Leser, dass Sie dieses Buch erworben haben. Wenn es Ihnen gefällt, schauen Sie doch bitte auf die beiden vorletzten Seiten, auf denen wir eine kleine Auswahl unseres Verlagsprogramms präsentieren. Wir schicken Ihnen gerne völlig kostenlos und unverbindlich unser Gesamtverzeichis zu. Außerdem finden Sie alle unsere Bücher in unserem Webshop unter www.podszun-verlag.de.

Danke auch, liebe Leserin, lieber Leser, für die Zuschriften oder Telefonate, in denen Sie Kritik äußerten und Anregungen lieferten. Wir freuen uns auf den Kontakt mit Ihnen und sind gerne bereit, Ihre Wünsche zu berücksichtigen. Viel Vergnügen bei der Lektüre und beim Betrachten der Bilder. Das nächste Jahrbuch Lokomotiven, die Ausgabe 2024, ist ab Oktober 2023 erhältlich.

Ihr Redaktionsteam „Jahrbuch Lokomotiven"

P.S.

Sie können das Jahrbuch in Buchhandlungen oder direkt beim Verlag auch abonnieren. Von einigen früheren Ausgaben sind noch Restexemplare lieferbar. Fordern Sie kostenlos und völlig unverbindlich unser Gesamtverzeichnis an mit Büchern über Traktoren, Forstmaschinen, Baumaschinen, Lastwagen, Schwertransporte, Autokrane, Autos, Motorräder, Lokomotiven und Feuerwehrfahrzeuge:

Verlag Podszun-Motorbücher GmbH, Elisabethstraße 23-25, D-59929 Brilon
Telefon 02961/53213, Email: info@podszun-verlag.de
Internet: www.podszun-verlag.de

Verlag Podszun-Motorbücher GmbH
Elisabethstraße 23-25, D-59929 Brilon
Internet: www.podszun-verlag.de
E-Mail: info@verlag-podszun.de

Herstellung LUC Medienhaus, Greven

ISBN 978-3-7516-1055-1

Matthias Bacher

Nahverkehrs-Pendelzüge der Schweiz

Baureihen 560/565/566/567 der 1980er-Jahre

In den 1980er Jahren entstand in der Schweiz ein Bedarf nach neuen Zügen für den Regionalverkehr, welche die doch sehr in die Jahre gekommenen Fahrzeuge aus den 1950er-Jahren ersetzen und auch die steigende Anzahl an Reisenden im Hinblick auf das dichtere Fahrplanangebot des in Arbeit befindlichen Taktfahrplanes aufnehmen und den Reisekomfort verbessern sollten. Das Kürzel „NPZ" stand dann zunächst für Neuer-Pendel-Zug, erst später für Nahverkehrs-Pendel-Zug.

Die eher glücklosen Versuche aus den 1970ern mit den Konzepten „Mirage" und „Chiquita" brachten den Schweizerischen Bundesbahnen SBB jedoch wertvolle Erfahrungen darüber ein, wie es wohl eher nicht funktionieren würde. Das Konzept „Chiquita" mit zwei identischen End-Triebwagen und zwei Zwischenwagen, von dem es vier Prototypen gab, bewährte

Die frankreichtauglichen NPZ-Exemplare der SBB-Baureihe 562 behielten ihr „Kolibri"-Ursprungs-Farbschema bis zur Ausmusterung im Dezember 2019, da sie nie zu „Dominos" aufgearbeitet wurden, denn dies hätte eine aufwendige Neuzulassung für Frankreich bedeutet. Auch die Zwischenwagen EW-I waren an Frankreich adaptiert. Gegen Ende wurden die Fahrzeuge nur noch in den TGV-Zubringer-Diensten eingesetzt, dies auf der landschaftlich sehr schönen Strecke durch die Areuse-Schlucht und durch das Val-de-Travers zwischen Neuchâtel und Frasne. Hier zu sehen der 562-001-8 in Neuchâtel 2017. Leider wurden die Fahrzeuge zum Schluss kaum noch gepflegt, sodass sie deutlich an Attraktivität wie auch an Zuverlässigkeit einbüßten.

Ein NPZ der SBB-Baureihe 560 im landschaftlich sehr schön gelegenen Spitzkehren-Bahnhof von Chambrelien im Neuenburger Jura (Strecke Neuchâtel–La Chaux-de-Fonds), 2009

sich zwar nicht, kam aber in vielerlei Hinsicht der späteren BR 560 dann doch schon sehr nahe. (Zum allgemeinen Verständnis ist noch zu erwähnen, dass Namensgebungen wie „Mirage", „Chiquita" oder „Kolibri" aus dem Volksmund entstanden und sich auf Eigenschaften oder auch Farbgebungen bezogen, da Abkürzungen wie „RBDe 4/4" sprachlich etwas schwerfällig sind. Als dann auch in der Schweiz griffigere, dreistellige Baureihenbezeichnungen wie z.B. „560" üblich wurden, änderte das aber nichts daran, dass Fahrzeuge einen Namen aus dem Volksmund bekamen.)

Zurück zu den NPZ; interessanterweise waren es dann aber verschiedene schweizer Privatbahnen unter Federführung der BLS (Bern-Lötschberg-Simplon-Bahn), die den Anstoss gaben für die tatsächliche Entwicklung dieser Fahrzeuge; die SBB folgten erst einige Jahre später mit dem Anstoss für die BR 560 (damals noch RBDe 4/4). So gingen die ersten Privatbahn-NPZ bereits im Jahr 1982 in Betrieb (zusammen mit dem Taktfahrplan), während die ersten SBB-NPZ erst ab 1984 in die Erprobung kamen, dann aber noch im selben Jahr fahrplanmäßig eingesetzt werden konnten. Die ersten Fahrzeuge aus der Serienproduktionen kamen ab 1987 auf die Gleise; einige der Privatbahnen schlossen sich dann hier nochmals an, sodass zum Beispiel bei der Schweizerischen SüdOstBahn (SOB) beide NPZ-Varianten verkehrten, welche am leicht geänderten Design auch äußerlich leicht zu unterscheiden waren.

Bei den NPZ handelt es sich um ein Triebwagen-Zwischenwagen-Steuerwagen-Konzept, wobei die Triebwagen nur einen Führerstand besitzen mit optisch baugleichem Steuerwagen. Die kleinste denkbare Garnitur ist somit der Triebwagen mit dem Steuerwagen. Bei den in unterschiedlicher Anzahl optional einreihbaren Zwischenwagen verfolgten die Privatbahnen und die SBB wiederum völlig unterschiedliche Konzepte, aber dazu später mehr. Die Trieb- & Steuerwagen waren für eine Höchstgeschwindigkeit von 140 km/h konzipiert. Die für damalige Verhältnisse bunte Farbgebung brachte den NPZ schnell den Übernamen „Kolibri" ein, aus welchem dann bei der späteren Aufarbeitung „Domino" wurde.

Nun aber der Reihe nach: die BLS und die ihr angeschlossenen Bahnen brachten wie schon gesagt die Entwicklung der NPZ ins Rollen, der Einsatz der ersten Züge geht zurück auf das Frühjahr 1982. Von Beginn an waren hier eigene Zwischenwagen gebaut worden vom Typ LEGO. Im

Ein NPZ der SBB-Baureihe 562 im schönen Val-de-Travers, unterwegs nach Frankreich, 2016

Nachdem NPZ 562-004-2 seine Passagiere an den TGV übergeben hat, wartet er etwa zwei Stunden auf den Gegenzug aus Paris, um dessen Umsteige-Passagiere nach Neuchâtel zu bringen. Dies jedoch nicht zwingend; hat der TGV Verspätung, fährt der „nur-Zubringer" einfach ohne seine Anschluss-Passagiere zurück in die Schweiz… (Frasne, 2018).

NPZ 562-004-2 in der Abstellgruppe von Biel, 2017

Die OeBB (Oensingen-Balsthal-Bahn) hat sich den Prototyp 560-000-2 gesichert, der dort in Ursprungs-Lackierung verblieb (Foto: Balsthal, 2021)

Ein NPZ-Domino BR 560 der SBB am Bahnübergang Löwenberg, unterwegs in Richtung Murten, Payerne und Yverdon, 2020

Ein NPZ-Domino der Relation Bern–Fribourg–Romont–Palézieux am Endpunkt der Reise, 2014

Gegensatz zu den späteren INNOVA-Wagen, welche die SBB-NPZ erst in ihrem zweiten Leben als „Domino“ erhielten, sind und waren die Sitze der LEGO-Zwischenwagen äusserst komfortabel. Ausnahme waren hier nur die roten Züge der RM (Regionalverkehr Mittelland, Zusammenschluss aus verschiedenen Privatbahnen aus dem Raum Emmental, die dann später alle in der BLS aufgingen), welche über doch deutlich spartanischeres, aber dennoch überraschend bequem gepolstertes Gestühl verfügten. Im Gegensatz zur SBB wurde bei den Privatbahn-NPZ die 1. Klasse von Beginn an im Steuerwagen untergebracht (bzw. an diesem Ort nachgerüstet), wo sich bei den BLS-Zügen auch heute noch eine äusserst komfortable Plüschsessel-Atmosphäre findet. Im Laufe der Einsatzjahre wurden für die BLS- & RM-Züge später noch sogenannte Jumbo-Zwischenwagen gebaut, welche sich in

Einige NPZ-Domino haben im Rahmen des Refit auch automatische Kupplungen erhalten für schnelle Zug-Flügelungen. Hier findet sich so ein Exemplar im Bahnhof von Palézieux, 2015. Auf dieser Linie verkehren ab Bern zwei Einheiten, die in Romont getrennt werden. Ein Zug fährt sodann nach Bulle, der andere nach Palézieux.

Zwei NPZ-Domino-Züge der Relation Lausanne–Neuchâtel begegnen sich in Yverdon-les-Bains, 2015. Hier in Yverdon befindet sich in Sichtweite des Bahnhofs die SBB-Werkstätte, in der die ehemals „Kolibri“ genannten Züge das Refit-Programm zum „Domino“ durchliefen.

Unterwegs auf der knapp internationalen Linie von Biel über Moutier nach Delle in Frankreich bei St. Ursanne, 2015

Kombination mit den LEGO-Zwischenwagen in die Garnituren eingereiht finden. Für die Jumbo-Zwischenwagen wurden zwei EW-I oder EW-II zu einem Wagen zusammengefügt, mittig niederflurig auf einem Jakobs-Drehgestell ruhend, wärend an den Wagenenden die alten, hochflurigen Drehgestelle beibehalten wurden. Für die Sitze kam in Form der Exemplare aus den NINA-Zügen der S-Bahn Bern ein akzeptabler Kompromiss zum Einbau, der sich nach Renovation der Trieb- & Steuerwagen so auch in der 2. Klasse dieser Fahrzeuge findet. Mit dieser Aufarbeitung erhielten alle NPZ der BLS auch LED-Spitzensignal und die einheitliche Farbgebung in lindgrün/silber/blau, welche einen absolut einmaligen, 100-prozentigen Wiedererkennungswert beinhaltet.

Eine außerordentlich komfortable Variante brachte die SOB mit ihren NPZ der BR 566 von 1982 auf die Schienen, die mit nur einem Zwischenwagen und tiefer liegenden Wagenübergängen unterwegs waren, dadurch aber nicht mit anderen Fahrzeugen kombinierbar waren. Später wurden die Fahrzeuge angepasst. Am Ende ihrer Lebensdauer waren diese Züge als Triebwagen-Steuerwagen-Garnitur noch bis Dez. 2019 im Raum Ziegelbrücke unterwegs; eine Kombination, die man fast schon als Salonwagen-Zug bezeichnen darf – und das im S-Bahn-Verkehr!

Einen „Sonderling" mit zwei Führerständen (so wie das früher bei den Triebwagen immer üblich war), bestellte die tpf (Transportbetriebe der Region Fribourg). Dieser NPZ war technisch auf der Höhe der anderen Privatbahn-NPZ, sah aber optisch aus wie eine Generation früher, da mit dem doppelseitigen Führerstand die schnittige Form nicht realisierbar war. Grund für diese Ausführung war die Tatsache, dass die tpf über keine Lokomotiven verfügt, auf den Nebenstrecken des Kantons Fribourg jedoch Güterverkehr betreibt, den dann die Triebwagen übernehmen müssen. Dafür braucht es aber uneingeschränkt einsetzbare Zwei-Richtungs-Fahrzeuge. In einer späteren Nachbestellung beschafften dann aber auch die tpf NPZ-Fahrzeuge mit nur einem Führerstand. Übrigens hat auch die originelle tpf-Lackierung einen 100-prozentigen Wiedererkennungswert.

Das Rollout des ersten der vier SBB-Prototypen (damals noch mit der Bezeichnung RBDe 4/4) war hingegen erst zwei Jahre später im Juni 1984. Vier leicht unterschiedliche Prototypen wurden erprobt, bevor 1985 die Serienfertigung begann, deren Auslieferung mit 122 Zügen von 1987 bis 1996 dauerte. Darüberhinaus gab es (wie schon erwähnt) noch Privatbahn-Züge, hauptsächlich für die SOB, die MThB (Mittel-Thurgau-Bahn) und die Montafonerbahn in Österreich.

Eigene Zwischenwagen erhielt das SBB-Modell zunächst nicht; es war eine viel zu große Anzahl alter Reisezugwagen vom Einheitstyp I bzw. II (EW-I bzw. EW-II) vorhanden, sodass diese entsprechend modernisiert und in variabler Anzahl eingereiht wurden. Bereits für die vier Prototypen war so vorgegangen worden. Die 1. Klasse fand sich dann auch in den Zwischenwagen, die äußerst komfortablen Sitze in den Trieb- & Steuerwagen führten nur die 2. Klasse – aber eine sehr gute!

Der erste revidierte „Kolibri" – fortan auf den Namen „Domino" hörend – verließ die Werkshallen von Yverdon-les-Bains im Jahre 2008. Die Züge waren umfassend überarbeitet und modernisiert worden und hatten das aktuelle Farbkleid aller SBB-Züge mit den Farben weiss, rot und schwarz erhalten. Nun war der Zeitpunkt gekommen, zu welchem die NPZ der SBB tatsächlich ihre eigenen Zwischenwagen erhielten, da die alten EW-I & EW-II tatsächlich das Ende einer sinnvollen Nutzungsdauer erreicht hatten. So wurden explizit für die BR 560 neue 24m-Zwischenwagen vom Typ INNOVA gebaut, von denen sich i.d.R. aber nur ein bis zwei in den

Ein NPZ-Doppel mit automatischer Kupplung, die Fahrt begonnen in Palézieux bzw. Bulle und in Romont vereinigt, auf den letzten Metern vor dem Zielbahnhof Bern, 2015

NPZ-Domino der internationalen S-Bahn-Linie mit Ziel im deutschen Waldshut beim Halt in Koblenz, 2021. Hier mündet die Aare in den Rhein.

Kompositionen eingereiht finden. Eine Ausnahme für nur kurze Zeit war da einzig der „Glarner Sprinter“ mit 4 Zwischenwagen und deutlich vergrössertem 1. Klasse-Bereich, dem leider keine lange Einsatzdauer beschieden war – dies obwohl er die schnellste Verbindung zwischen Zürich und dem Glarnerland verkörperte.

Apropos 1. Klasse, hier ist leider ein haarsträubendes Detail zu nennen, welches an Absurdität einzigartig und unerreicht ist in der Welt der Eisenbahn: im Rahmen der Aufarbeitung vom „Kolibri“ zum „Domino“ wanderte die 1. Klasse von den auszurangierenden Zwischenwagen auch bei den SBB-Zügen nun in den Steuerwagen, der so zum ABt wurde (die wenigen Exemplare des Glarner-Sprinters sogar zum At). Die neu zu bauenden INNOVA-Wagen verfügten nur über die 2. Klasse und beinhalteten den gesetzlich verlangten Niederflurbereich der Züge. Soweit, so gut; die absolute Absurdität findet sich in der Ausstattung dieser 1. Klasse, die man eigentlich gar nicht also solche bezeichnen dürfte: ich nenne es die „Kaputt-Renovierung der 1. Klasse“ – eine Zumutung auf ganzer Linie. Wer immer sich das ausgedacht hat, der hat – ja was hat diese Person eigentlich gedacht, und hat sie überhaupt etwas gedacht? In dieser „neuen“ 1. Klasse im NPZ besteht eine völlig unsinnige Raumaufteilung und es wurden Sitze verbaut, die sind derart knüppelhart – das ist „gefühlt“ ein Holzbrett mit einer Lage Stoff bezogen. Darüberhinaus noch mit einem Winkel der Sitzfläche, die einen „gefühlt“ aus dem Sitz rutschen lässt. Sehr dankenswerterweise blieben in der anderen Hälfte des Steuerwagens sowie im Triebwagen die alten, ausserordentlich bequemen Sitze der 2. Klasse erhalten und wurden nur neu bezogen. Mit Vorteil reist es sich in den „Domino“ also in der 2. Klasse von Trieb- & Steuerwagen, aber auch nur dort, denn die Sitze in den INNOVA-Wagen sind auch nichts anderes als die „stoffbezogene Wiedergeburt der Holzklasse“ ...

Der Fahrkomfort der NPZ ist hingegen weiterhin ausserordentlich gut – eine Freude! Keiner der neuen, unsäglichen „FLIRT“ oder Fahrzeuge anderer Bauart können da auch nur ansatzweise mithalten, im Sitzkomfort nicht und im Rollkomfort schon gar nicht. Einzig bei der Bestuhlung hat die tpf sehr gute Sitze in der 1. Klasse und die SOB relativ gute Sitze in beiden

Delle in Frankreich, knapp hinter der Grenze, 2017: berühmte internationale Züge der Relation Paris–Milano verkehrten hier von Frankreich durch den Schweizer Jura und den Simplon bis nach Italien, bevor die Strecke zwischen Delle und Belfort stillgelegt und 1993 sogar abgebaut wurde! Bis Delle gab es weiterhin Zugverkehr von der Schweiz her – und welch Wunder: die Linie wurde wieder aufgebaut (hinter dem Zug zu sehen). Seit Wiedereröffnung 2019 verkehren hier jedoch unsägliche Zwei-System-Flirt anstelle der schönen Domino-Züge (Foto aus dem Gleisfeld nach Absprache mit dem Lokführer).

Wagenklassen ihrer FLIRT-Neufahrzeuge einbauen lassen (woran man sieht, dass es sehr wohl gehen würde, wenn man denn wollte). Alle anderen in der Schweiz verkehrenden FLIRT, egal welcher Bahngesellschaft, verfügen in beiden Wagenklassen eben nur über die schon erwähnte „stoffbezogene Wiedergeburt der Holzklasse“ – wahrlich kein Fortschritt!

Auch die BLS hat in ihren neuen Fahrzeugen einzig bei den „Lötschberger-Zügen“ (Bombardier) sehr bequeme Sitze verbaut; dafür haben diese Züge den zweit-schlechtesten Fahrkomfort im schweizer Schienenverkehr, man nennt sie auch „Schüttelberger“ (noch schlechter sind nur die neuen Doppelstock-Fernverkehrszüge der SBB, bei denen es weder Sitzkomfort noch Fahr-

Die überarbeiteten Domino-Züge für das Wallis erhielten ein von den anderen SBB-Dominos leicht abweichendes Farbschema. Auch die 1. Klasse erhielt eine sogenannte „Launch“, jedoch leider ebenfalls mit den brettharten Sitzen, dafür einer noch unsinnigeren Innenraumaufteilung. Die Züge der Verbindung von Brig an das südliche Ufer des Lac Léman begegnen sich jeweils in St-Maurice (2016).

Schönes Portrait eines NPZ-Domino BR 560 der SBB vor dem außergewöhnlichen Bahnhofsgebäude von Neuchâtel mit seiner speziellen Uhr, 2018

Drei NPZ-Domino in der Abstellgruppe von Neuchâtel, 2016. Der Zug rechts im Bild ist eines der wenigen SBB-Exemplare, die LED-Spitzensignal erhalten haben. Bei der BLS wurden alle Züge umgerüstet.

Ein „Wallis-NPZ" als IR Domodossola– Brig zur Abfahrt bereit in Domodossola, 2019. Von hier gibt es auch eine schmalspurige Verbindung durch das berühmte „Centovalli" nach Locarno. Die Simplon-Strecke von Brig nach Domodossola unterliegt zwar italienischen Regularien, wird aber unter schweizerischer Regie und mit schweizer Stromsystem befahren. Der Systemwechsel erfolgt hier im Bahnhof Domodossola.

Der von Domodossola her kommende NPZ hat sein Ziel Brig fast erreicht (2019)

Die eine Garnitur NPZ verliert sich fast in der großen Halle von Zürich HB (2019)

NPZ-Domino unterwegs im Val-de-Travers, 2016. Im Gegensatz zu den nicht modernisierten, weiterhin frankreichtauglichen BR 562 der SBB wird dieser modernisierte BR 560 seine Fahrt in Buttes innerhalb der Schweiz beenden.

komfort gibt). Alle anderen neueren BLS-Fahrzeuge verfügen leider auch nur über äusserst unbequeme, viel zu harte Sitze, wobei auch hier absurderweise die 2. Klasse bequemer ist als die 1. Klasse. Interessanterweise erhielten nur einige wenige Fahrzeuge der SBB-Baureihe 560 im Rahmen der Modernisierung ein LED-Spitzensignal, die meisten behielten die Halogen-Scheinwerfer. Bei der BLS hingegen wurde die gesamte 565- bzw. 566-Flotte auf LED-Spitzensignal umgerüstet, was den Fahrzeugen ausserordentlich gut zu Gesichte steht. Beide NPZ-Varianten, sowohl die Exemplare der Privatbahnen wie auch die SBB-Variante zeichnen sich durch ein außerordentlich markantes wie gefälliges „Gesicht" aus – ein Detail was in unseren modernen Zeiten leider immer mehr zur Ausnahme wird; aktuelle Konstruktionen verlieren sich im Einheitsbrei der „Gesichtslosen".

Ein Teil der SBB-Fahrzeuge war auch mehrsystemfähig ausgeführt und kam im grenzüberschreitenden Regionalverkehr mit Frankreich und Deutschland zum Einsatz. Während die Deutschland-Einsätze im Raum Singen („Seehas" der MThB ab 1994) und im Wiesental (ab 2003) schon vor vielen Jahren an die unsäglichen „FLIRT" übergingen, hielten sich die uralten, nicht aufgearbeiteten Exemplare des Frankreichverkehrs (SBB, BR 562) noch bis in den Dezember 2019 im TGV-Zubringer-Dienst zwischen Neuchâtel und Frasne.

Einige NPZ gingen sogar in den Export und verkehrten bei der österreichischen Montafonerbahn, dies dann auch im grenzüberschreitenden Regionalverkehr mit der Ost-Schweiz. Erst 2019 wurden die Fahrzeuge abgelöst, nachdem die Montafonerbahn von der ÖBB „gezwungen" wurde, auf die dort vorhandenen „Talent-Fahrzeuge" der S-Bahn Vorarlberg umzustellen.

In der Schweiz ist damit zu rechnen, dass einzig die SBB-560er noch einige Jahre im Einsatz bleiben werden, zumal deren Aufarbeitung zum „Domino" nicht so sehr lange zurück liegt. Bei der BLS hingegen ist die Abstellung beschlossene

Bielersee-Panorama mit einem NPZ-Domino der SBB in Ligerz, 2021

Endstation südliches Genfersee-Ufer: die Gleise laufen hier zwar weiter in Richtung Evian, es verkehren aber keine Züge. Somit enden die von Brig her kommenden Regional-Züge in St-Gingolph (2018). Man kann aber umsteigen auf eines der Dampfschiffe hier am „großen Léman"…

Ein NPZ-Domino auf der ältesten Eisenbahnbrücke über den Rhein von 1859. Der vom deutschen Waldshut her kommende Zug wird via Koblenz bis nach Baden fahren. Über diese Brücke verkehrten bis Anfang der 1990er-Jahre die berühmten roten Schienbusse VT 98, später Walfische der BR 641. Mit der Elektrifizierung 1999 erhielt nur ein Gleis im Bahnhof Waldshut von der Schweiz her eine Oberleitung, sodass seither elektrische SBB-Züge das deutsche Waldshut erreichen, nachdem all die Jahrzehnte zuvor stets DB-Fahrzeuge bis ins schweizerische Koblenz verkehrten. Die Zukunft der ältesten und einzigen, noch in ihrer ursprünglichen Form erhalten gebliebenen Eisenbahnbrücke über den Rhein ist leider ungewiss. (Foto: Mai 2021).

Eine Domino-Doppelgarnitur (mit Schrauben-Kupplung) im Bahnhof Ziegelbrücke, dem Tor zum Kanton Glarus, 2016. Seit einigen Jahren ist diese wichtige Verzweigungsstation in vier Richtungen „Zuschauer" des eigenen Fernverkehrs, denn die Fernzüge der Relation Zürich–Chur, die hier früher alle einen Halt einlegten, fahren einfach nur noch durch. So muss man bereits von Zürich her einen Regionalzug nehmen, um nach Glarus zu gelangen. Nur eine kurze Zeit lang waren das auch NPZ-Dominos als „Glarner Sprinter"; mittlerweile kommen Doppelstöcker der S-Bahn Zürich zum Einsatz.

Ein NPZ-Domino mit automatischer Kupplung zur „blauen Stunde" im Bahnhof von Tavannes, 2021. Der Zug begann seine Fahrt als Doppel in Biel, wurde in Sonceboz/Sombeval getrennt, von wo eine Garnitur in Richtung La Chaux-de-Fonds weiterfuhr. Die andere wird nach dem Halt hier in Tavannes weiterfahren nach Moutier im Berner Jura mit der wunderschönen Birsschlucht. Hier in Tavannes kann man auch umsteigen auf die schmalspurigen Jura-Bahnen.

Große Ehre für einen kleinen Zug. Ein NPZ BR 560 der SBB als „ICE-Ersatz" für den von Deutschland her verspäteten grossen Bruder, um die innerschweizerischen Anschlüsse sicherzustellen (Basel SBB, Juli 2021)

NPZ BR 560 der SBB im S-Bahn-Verkehr der Relation Luzern – Brunnen kurz nach der Abfahrt im Verzweigungs-Bahnhof Arth-Goldau an der Gotthard-Linie; im Hintergrund die Rigi, die „Königin der Berge" (März 2022)

Mit den NPZ-Fahrzeugen können richtig lange Garnituren gebildet werden – so wie dieser Golden-Pass-Zubringer-Zug der Relation Interlaken–Zweisimmen, hier zu sehen vor der eindrücklichen Bergkulisse des Simmentals bei Weißenbach. Zwei der Zwischenwagen haben noch das BLS-Farbschema der 1980er-Jahre, in dem die NPZ-Fahrzeuge ursprünglich ausgeliefert worden waren. (Foto: 2016)

Sache, die Länge der Galgenfrist hängt einzig vom Fortschritt bei der Auslieferung der Nachfolge-Baureihe ab (FLIRT, neueste Generation). Noch aber stellt die BLS die aktuell zweitgrösste, noch in Betrieb befindliche Flotte.

Bei nahezu allen anderen Bahngesellschaften wurden die letzten NPZ im Dezember 2019 (SOB), Dezember 2021 (tpf) bzw. August 2022 (TRAVYS) abgestellt oder weiterverkauft. Die tpf gab ihre Züge 567-181 & 182 ab an die cj im Jura, wo diese den seit 2017 wegen Fristablauf abgestellten SBB-Prototyp 560-002 ersetzen (der 2022 verschrottet werden soll) einerseits als auch die dort schon 2017 von der BLS übernommenen BR 566-I andererseits. Als Ersatz übernahm die tpf per Dezember 2021 einige SBB-Domino BR 560, deren Außen-Design nur teilweise angepasst wurde. Schlimmer erscheinen nun die „inneren Werte", liegen doch Welten zwischen der 1. Klasse der tpf-567 und der haarsträubend unbequemen Variante der SBB-560, welche jetzt so unter tpf-Label unterwegs sind. Den tpf-„Sonderling" mit zwei Führerständen hat interessanterweise Stadler-Rail gekauft (der Hersteller der FLIRT-Triebzüge), wo er für Überführungsfahrten der eigenen Produkte im Einsatz steht (!).

Im Neuenburger Jura sind die NPZ der trans-N schon mehrere Jahre nicht mehr zu sehen, ersetzt einerseits durch FLIRT der trans-N, andererseits durch SBB-Domino BR 560 (ergänzt um das Logo der trans-N). Somit verkehren aktuell einzig bei BLS und cj noch Privatbahn-NPZ. Die OeBB (Oensingen-Balsthal-Bahn), die einerseits ein Regionalverkehrs-

Ein NPZ der Baureihe 565 vor der Werkstätte Spiez, 2015

NPZ-Garnitur BR 565 mit einem Jumbo-Zwischenwagen in der Abstellgruppe von Spiez, 2021

Ein NPZ Baureihe 565, Steuerwagen voraus unterwegs, Thun 2020. Die Position der 1. Klasse direkt beim Führerstand deutet auf ein Fahrzeug der ehemaligen GBS hin (heute BLS) mit seinen schönen blauen Plüsch-Sesseln. Beim Jumbo-Zwischenwagen sieht man sehr schön dessen niederflurigen Anteil.

Drei NPZ-Fahrzeuge der BLS im Bahnhof Thun, Februar 2021. Dies liegt zum Teil daran, dass die neue Fahrzeug-Generation einmal mehr durch Funktionsuntüchtigkeit „glänzt" – Augenblicke, in denen die „alte Garde" dann wieder gut genug ist.

Ein NPZ der Baureihe 566-II zur Abfahrt bereit in Thun, 2021. Der Zug hat Solothurn zum Ziel, via Konolfingen im Emmental und Burgdorf.

NPZ der Baureihe 565 mit einem Jumbo- und einem Lego-Zwischenwagen in der Abstellung von Thun, 2021.

NPZ der Baureihe 565 mit einem Jumbo- und einem Lego-Zwischenwagen als Wochenend-Zusatz-RE aus der Lötschberg-Region in Richtung Bern, 2020

unternehmen wie auch gleichzeitig eine Museumsbahn ist, hat sich erfreulicherweise einige der älteren Exemplare gesichert, so den SBB-Prototyp 560-000 (noch in Ursprungs-Lackierung) wie auch einen der besonders schönen Luxus-566er der SOB (vormals BT); darüberhinaus den in Österreich 2019 ausgemusterten Prototyp 560-003. Den eigenen Regionalverkehr bestreitet sie interessanterweise aber auch mit geliehenen SBB-Domino- Fahrzeugen der BR 560.

So kann man zusammenfassend sagen, dass in den 1980er/90er-Jahren mit den NPZ bezogen auf den Komfort für die Fahrgäste ein später nie wieder erreichtes Niveau erzielt wurde. Die Fahrzeuge waren denn auch beim Publikum von Beginn an sehr beliebt. Leider gehört ein adäquater Komfort mittlerweile nicht nur im Regional-, sondern auch im Fernverkehr der Vergangenheit an: vom Komfort der Reisezugwagen aus den 1980er/-90er-Jahren können auch die aktuellen Neufahrzeuge des Fernverkehrs nicht einmal träumen ...

Ihrer von Anfang an hohen Zuverlässigkeit wegen waren (und sind) die NPZ-Fahrzeuge auch bei den Personalen und in den Werkstätten sehr beliebt, einzig die kaum noch gepflegten SBB-Exemplare für den Frankreichverkehr sorgten (logischerweise) für Anstoß.

Somit verkörpern die NPZ – zumindest noch für den Moment – ein Stück „gute alte Eisenbahn" im Regionalverkehr auf schweizer Schienen. Es sind Fahrzeuge, denen innen wie außen ohne Zweifel anzusehen und anzufühlen ist, dass es sich hier unmissverständlich um Eisenbahn handelt. Denn das so sehr schöne am Eisenbahn fahren ist, in einem „passiv" rollenden Waggon in einem bequemen Sessel zu sitzen und die vorbeiziehende Landschaft zu geniessen, dabei etwas zu lesen, zu essen, zu trinken, manchmal auch zu dösen oder zu schlafen. Interessante Ein- & Ausblicke vermittelt (im Fernverkehr) auch der Spaziergang durch den Zug, sei es zum Speisewagen, zum vorderen Zugende, um die Lok zu sehen und je nach Antrieb auch zu hören,

NPZ der BR 565 im Gürbetal bei Thurnen, 2016. Die ab 2005 in einem sehr gefälligen Farbschema aufgearbeiteten Fahrzeuge haben alle LED-Spitzensignal erhalten, einige davon mit einer attraktiven, silberfarbenen Umrahmung, die hier auf dem Foto sehr schön in der Sonne glänzt.

Ein NPZ Baureihe 565 der BLS unterwegs als S2 der S-Bahn Bern von Laupen via Bern nach Langnau im Emmental. Eingereiht sind ein Lego-Zwischenwagen (hinten) sowie ein Jumbo-Zwischenwagen (vorne), dessen niederfluriger Anteil sehr gut erkennbar ist. Foto bei der Abzweigung Gümligen, 2021.

Ein NPZ Baureihe 565 der BLS unterwegs als S2 der S-Bahn Bern von Langnau im Emmental via Bern nach Flamatt. Eingereiht sind zwei Jumbo-Zwischenwagen, deren niederflurige Anteile sehr gut erkennbar sind. Die Position der 1. Klasse im Steuerwagen direkt beim Führerstand verrät ein Fahrzeug der GBS/BLS mit den blauen Plüsch-Sesseln. Der Zug befindet sich noch auf der Emmentalstrecke kurz vor Einmündung in die doppelgleisige Hauptstrecke bei Gümligen, 2021.

Ein NPZ Baureihe 565 der BLS unterwegs als S2 der S-Bahn Bern von Laupen via Bern nach Langnau im Emmental. Der Zug befindet sich bereits auf der eingleisigen Emmental-Linie, Foto von 2015 bei Trimstein (zwischen Worb und Tägertschi).

Wegen der Unzuverlässigkeiten sogenannter moderner Fahrzeug-Generationen ist „die alte Garde" immer wieder gut genug (vorausgesetzt, es gibt sie noch). So führten Bremsprobleme (Software!) der neuen Züge zur erfreulichen, wenn auch nur temporären Rückkehr von NPZ der Baureihe 566-II auf die Linie S6 Bern–Schwarzenburg. Foto: NPZ-566-II Nr. 231 bei Moos, 2021.

NPZ der Linie S2 beim Halt in Emmenmatt kurz vor Langnau im Emmental, 2018. In der NPZ-565-Garnitur finden sich zwei Jumbo-Zwischenwagen eingereiht.

Ein NPZ-565 der Linie S4 Thun–Gürbetal–Bern–Burgdorf–Langnau auf Höhe der Abzweigung Bern-Fischermätteli, 2021

zum hinteren Zugende um dort aufs Gleis hinauszuschauen. Manchmal auch am Computer schöne Texte zu schreiben, inspiriert vom Blick aus dem Fenster. So ein „passiver" Waggon erzeugt eine ganz typische Geräuschkulisse – eine Mischung aus all' dem, was beim Rollen, Gleiten oder Reiben auf Stahl entsteht, von Weichenschlägen, Schienenstößen und Resonanzbildungen. Es hat etwas sehr ruhiges und beruhigendes, bei niedriger Geschwindigkeit sogar sehr friedliches. Ein durch die Landschaft gleiten, einer Sänfte gleich. Auch die großen Räder der eine gewisse Bahnsteigkantenhöhe benötigenden 26,4m-Reisezugwagen (im Fernverkehr) tragen einen nicht unerheblichen Anteil bei zu dieser speziellen, harmonischen Laufruhe. Nicht so bei Triebwagen und Triebzügen: hier treten eine Unzahl von im Prinzip nicht zur Eisenbahn gehörenden Störfaktoren & -geräuschen hinzu, sehr stark abhängig vom Antriebskonzept und davon, ob es ein Solo-Triebwagen, eine Triebzug-Einheit oder ein Triebwagen-Zwischenwagen-Steuerwagen-Konzept ist. Einzig bei selbigem Konzept (welches auch den NPZ zugrunde liegt) bleibt in den antriebslosen Zwischenwagen und im Steuerwagen dieses oben beschriebene „Eisenbahn-Gefühl" weiterhin möglich (auch wenn der Blick aufs Gleis am Zugende entfällt), denn selbst im NPZ-Triebwagen ist die Geräusch-Kulisse nicht unangenehm, ganz im Gegensatz zum sogenannt „modernen" FLIRT.

Auf die Neufahrzeuge unserer Zeit trifft also leider keine einzige dieser Eigenschaften mehr zu; diese bewegen sich zwar auf Schienen, haben aber mit Eisenbahn nicht mehr viel zu tun. Daran ändert auch der Slogan von Stadler-Rail nichts: „Damit Bahnfahren Spaß macht" ist hier fehl am Platze. So waren es die schweizerischen NPZ, die als letzte Vertreter dieses Versprechen im Regionalverkehr noch zu erfüllen vermochten. Aber beeilen Sie sich, die Tage dieser Züge sind gezählt.

NPZ-566-II Nr. 240 auf der beschaulichen Schwarzenburger-Linie (S6) bei Gasel, 2021

Brücke und Kirche in Niederscherli und der NPZ-566-II, Linie S6, Niederscherli, 2021

Stimmungsvolle Winteraufnahme eines NPZ-565 bei der Einfahrt nach Riedbach bei Bern, 2021

NPZ-566-II beim Halt in Gümmenen, 2021. Sogleich wird der Zug den Viadukt über das Flüsschen Sense befahren. Früher zweigte hier die Sensetal-Bahn ab, seit Jahren stillgelegt und nach einer gewissen Zeit des Draisinen-Betriebes jetzt abgebaut. Der inzwischen modernisierte Bahnhof Gümmenen lässt seine einstige Verzweigungs-Funktion nur noch erahnen…

Ein NPZ-565 der Linie S2 Langnau–Bern–Laupen auf dem Lorraine-Viadukt der Bundeshauptstadt Bern. Im Hintergrund die Kuppel des Bundeshauses (2019).

In Lyss ist die berühmte ehemalige DB-Schnellzug-Dampflok 01-202 betriebsfähig beheimatet. Auch relativ viele NPZ bedienen hier die Nebenlinien, so dieser NPZ-565, der nach Büren an der Aare verkehren wird, wo die Linie nach Solothurn – künstlich unterbrochen – am Prellbock ohne Umsetzmöglichkeit endet. Eine Wendezug-Garnitur ist somit zwingend (Foto: Lyss, 2019).

NPZ-566-II Nr. 231 zur Abfahrt bereit im Bahnhof Schwarzenburg, 2021

Riedbach bei Bern an der Linie Bern–Neuchâtel: ein NPZ-565 beschleunigt nach kurzem Halt in Richtung Bern, 2020

Ein NPZ-565 bei der Einfahrt nach Riedbach bei Bern, 2021

Ein NPZ BR 565 wird bereitgestellt zur Fahrt als S4 der S-Bahn Bern durch's Gürbetal (Thun, Juli 2021). Es sind die letzten Einsätze dieser Art, in einem Teil dieser Umläufe kommen bereits FLIRT zum Einsatz, die dann zum Fahrplanwechsel im Dez. 2021 schlussendlich alle NPZ von dieser landschaftlich schönen Linie verdrängten (immer wieder bestätigen erfreulicherweise auch Ausnahmen diese Regel). Rechts : Ein BR 566-II der BLS auf Überführungsfahrt (Dienstzug) zwischen Thun und Bern bei Kiesen, Sept. 2021. Im Hintergrund die leider verhangene Berner Alpenkette .

Zum Fahrplanwechsel im Dezember 2021 hat die BLS alle lokbespannten EW-III abgestellt. Für die aus dem Gürbetal verdrängten NPZ BR 565 ergab sich damit eine (vorläufige) Erweiterung des bestehenden Einsatzgebietes als Golden-Pass-Zubringer im Simmental, wo sich nun NPZ-565 und -566-II ihr Gnadenbrot verdienen dürfen. Sie müssen sich aber das Einsatzgebiet teilen mit Triebzügen der BR 535 (Lötschberger/„Schüttelberger"). Ein NPZ BR-566-II wartet in Spiez auf den Abfahrtsauftrag in Richtung Zweisimmen (Dez. 2021).

Einzig bei der BLS sind 2022 noch Privatbahn-NPZ in Betrieb (BR 565 und 566-II). Eine Garnitur BR 566-II in der Abstellung in Thun, Febr. 2022. Die Züge verkehren von hier in Richtung Emmental.

Ein NPZ BR 566-II der BLS bei Herbligen im Emmental, Febr. 2022

Ein NPZ BR 565 der BLS bei Zäziwil im Emmental, Febr. 2022

Bei Gümligen zweigt die Emmental-Linie von der Hauptstrecke Bern – Thun ab. Ein NPZ BR 565, unterwegs als S2 der S-Bahn Bern bei der Einfahrt in den Bahnhof Gümligen, März 2022

Ein NPZ BR 565, unterwegs als S2 der S-Bahn Bern wartet im Bahnhof Gümligen auf den Abfahrtsauftrag in Richtung Emmental (März 2022)

Ein NPZ BR 566-II der BLS im Schneegestöber beim Halt im Bahnhof Steffisburg bei Thun, April 2022

Die Varianten der NPZ-Züge

a) drei Betriebs-Varianten: 1) nur CH 2) CH / D / A 3) CH / F
b) zwei Form-Varianten: 1) NPZ Privatbahn 2) NPZ SBB (& Privatbahn)

. BR 560-Prototypen SBB (RBDe 4/4)	1984	/ 4 Stück	alle verkauft (1x OeBB, 1x cj, 2x MBS)
. BR 560 (SBB & div. Privat-Bahnen)	1987-96	/ 122 Stück	ab 2008 Aufarbeitung von 110 SBB-Fahrzeugen zu „Domino" samt komplexer Umnummerierung ab 2020er auch Abgabe an OeBB, trans-N, tpf
. ET 10 (MBS), entspricht BR 560	1990-93	/ 2 Stück	direkt als Neufahrzeuge an die Montafoner Bahn
	2008	/ 2 Stück	weitere 2 NPZ gebraucht (SBB-Prototypen) alle ausrangiert 2019, 560-003 bei OeBB Balsthal
. BR 566 (MThB „Seehas")	1994	/ 4 Stück	grenzüberschreitender Verkehr mit Deutschland Umbau aus BR 560, 2006 an SBB, dort als BR 561 alle ausrangiert ab ca. 2012
. BR 561 (SBB, deutschlandtauglich)	2003	/ 6 Stück	Umbau aus BR 560, ebenfalls alle ausrangiert
. BR 562 (SBB, frankreichtauglich)	1996	/ 6 Stück	Umbau aus BR 560, verblieb ohne Refit in der Ursprungsausführung, ausrangiert 2019 (ab 2021 leider zur Verschrottung)
. BR 565 (BLS, SEZ, GBS, BN)	1982-92	/ 22 Stück	ab 2005 alle BLS, Refit ab 2009, noch in Betrieb
. BR 566-II (RM, später BLS)	1984	/ 13 Stück	ab 2005 alle BLS, Refit ab 2010, noch in Betrieb
. BR 566 (zunächst BT, später SOB)	1982	/ 6 Stück	Privatbahn-NPZ, ausrangiert 2019
. BR 566 (von Beginn an SOB)	1995	/ 4 Stück	SBB-NPZ, ab 2013 als BR 561 im Lokomotivdienst für den VORALPEN-EXPRESS, alle ausrangiert 2019
. BR 567 (tpf), 2 Führerstände	1983	/ 2 Stück	einer noch aktiv (verkauft an Stadler-Rail)
. BR 567 (tpf)	1991	/ 2 Stück	beide seit 2022 bei cj (dort als Ersatz für 560-002)
. BR 567 (TRAVYS), 2 Führerstände	1983	/ 2 Stück	567-174 (noch) in Betrieb für Sonderverkehre
. BR 568 (TRAVYS), 2 Führerständ	1989	/ 2 Stück	2009 Refit zu „Domino", umbenannt zu BR 560 ausrangiert August 2022
. BR 560 (cj, Normalspurabschnitt)	2008	/ 1 Stück	aus Prototyp SBB 560-002, abgestellt seit 2017 (steht 2022 leider zur Verschrottung an)

Der NPZ-Prototyp 560-000-2 der OeBB im leihweisen Einsatz für den Voralpen-Express der SOB beim Halt im Bahnof St. Gallen, 2018

NPZ 561-081 der SOB im Einsatz als Voralpen-Express (VAE), Lichtensteig im Toggenburg, 2017

NPZ 566-076 in der schönen Stahlbrücke über die Linth in der Bahnhofseinfahrt von Ziegelbrücke, 2016 (nach der Ausmusterung 2019 gelangte mit 566-075 immerhin eines dieser schönen Exemplare museal zur OeBB)

Die Lokomotiv-Variante mit zwei Führerständen: NPZ der tpf, Bern 2018. Rechts: Standard-Privatbahn-NPZ der tpf (mit einem Führerstand), Fribourg 2015. Man beachte das asymetrische Farbschema.

Nachdem die tpf im Dezember 2021 die eigenen Privatbahn-NPZ BR 567 an die cj in den Jura abgegeben hat, wurden ersatzweise einige NPZ-560 „Domino" von den SBB übernommen. Diese präsentieren sich Stand Frühling 2022 in einer teilweisen äußerlichen Anpassung (rote Punkte, graue Türen, aber keine Änderung der Front). Ob die völlig unzumutbare 1. Klasse an den komfortablen tpf-Standard angeglichen wird, bleibt offen. (Foto: Bern HB, April 2022)

Im Vallée-du-Joux verkehren SBB-Domino in Travys-Lackierung (Foto: Le Brassus, 2019)

Privatbahn-NPZ der trn (mit einem Führerstand), Neuchâtel 2015

SBB-Domino in Diensten der trans-N: lediglich mit dem Signet beklebtes SBB-Fahrzeug der Baureihe 560, Neuchâtel 2020

560-141-4 der Chemins de Fer du Jura (cj) ist ein Einzelstück. Hinter ihm verbirgt sich der SBB-Prototyp 560-002. Leider wurde der schöne Zug Ende 2017 abgestellt. Das Foto zeigt die Garnitur im letzten Einsatzjahr 2017 im Endbahnhof Bonfol.

Im Dezember 2021 haben die cj die beiden NPZ-567-181 & -182 von den tpf übernommen (die tpf haben stattdessen Ersatz in Form von NPZ-560 „Domino" von den SBB erhalten). Im Gegensatz zu den tpf, die ihre Neuzugänge äußerlich nur sehr rudimentär angepasst haben, bekamen die beiden ex-tpf-Fahrzeuge bei den Chemins-de-Fer-du-Jura das vollumfängliche cj-Design (Fotos: 567-182 im Endbahnhof Bonfol, Juni 2022

Insgesamt vier NPZ gingen in den Export an die Montafoner Bahn (MBS) im österreichischen Vorarlberg. Zwei davon als Neu-Fahrzeuge, zwei weitere in Form der bereits existierenden Prototypen. Hinter der MBS-Bezeichnung ET 10.121 verbirgt sich Prototyp 560-003. Die UIC-Nummer hingegen lautet 480-121. Die Fahrzeuge verkehren zwischen Bregenz und Schruns im Montafon, aber auch im grenzüberschreitenden Verkehr mit der Schweiz bis nach Buchs oder Sargans. (Foto: Buchs, 2015). Leider wurden 2019 alle ausgemustert.

Sargans 2015

Die Baureihe 566(I) ist eigentlich noch kein NPZ. Dennoch kamen diese Fahrzeuge den späteren NPZ schon sehr nahe. Hier der 566(I)-225 der BLS (ehemals EBT bzw. später RM) in Konolfingen, 2013.

Zwei der bei der BLS verbliebenen 566(I) gelangten 2017 zu den Chemins-de-Fer-du-Jura, um dort den wesentlich neueren 560-141 zu ersetzen (für dessen Aufarbeitung die Mittel fehlten). Hier beide zusammen im Bahnhof Tavannes, 2020.

Die 2. Klasse in Trieb- und Steuerwagen der SBB-NPZ-Baureihe 560 hat äußerst bequeme Sitze, welche auch im Rahmen der Aufarbeitung zum „Domino" beibehalten wurden (Foto: Domino, 2015)

In der Ursprungsausführung „Kolibri" der SBB befand sich die 1. Klasse in den EW-I-Zwischenwagen. Diese war anfangs luxuriös, wie dieses Foto eines noch 2015 bei der OeBB in Betrieb befindlichen Wagens zeigt. Die 2. Klasse hingegen war in den Trieb- und Steuerwagen wesentlich bequemer als in den EW-I. Später erhielten die 1.-Klasse-Abteile leider auch die weniger bequemen Sitze der S-Bahn Zürich, wobei diese immer noch besser sind als sie sogenannte „neue" 1. Klasse in den „Domino"-Steuerwagen.

Mit Aufarbeitung vom „Kolibri" zum „Domino" wanderte die 1. Klasse von den alten Zwischenwagen EW-I neu in den Steuerwagen. Die Sitze sind bretthart und haben einen ungünstigen Winkel. Im „Domino" reist man mit Vorteil in der 2. Klasse von Trieb- bzw. Steuerwagen, denn auch in den neuen Innova-Zwischenwagen sind die Sitze der 2. Klasse extrem unbequem (Foto: die „neue" 1. Klasse im Steuerwagen, 2015).

Sehr bequeme Sessel und ein Hauch von Luxus in der 1. Klasse des NPZ-Steuerwagens aus Privatbahnbeständen der BLS (ehemals GBS) (Foto: 2015)

Etwas weniger luxuriös, aber dennoch bequem sind die Sessel der erst zu einem späteren Zeitpunkt in den Emmental-NPZ nachgerüsteten 1. Klasse. Foto: BLS-Fahrzeug aus Beständen von EBT bzw. RM, 2015.

Luxus pur: die 1. Klasse im Privatbahn-NPZ der SüdOstBahn (Foto: 2016)

Auch die 2. Klasse der Privatbahn-NPZ der SüdOstBahn verfügt über Komfort (Foto: 2016)

Luxuriöse 1. Klasse in der Ursprungs-Ausführung der Privatbahn-NPZ der Region Neuchâtel (Foto: 2015)

Sehr bequeme Leder-Sessel verbaut die tpf (Fribourg) in der 1. Klasse aller Fahrzeuge, egal welcher Bauart (Foto: NPZ, 2015)

Rolf Hahmann

Der Flachlandrenner

Dampflokbaureihe 03

Am 1. April 1920 schlossen sich die Ländereisenbahnen zur Deutschen Reichsbahn zusammen. Eine Bestandsaufnahme der bei den Länderbahnen eingesetzten Schnellzugdampflokomotiven mit über 100 km/h Höchstgeschwindigkeit zeigte eine erstaunliche Vielfalt. Man hatte sie vielfach individuell nach ihrem Einsatzzweck, den betrieblichen Anforderungen und den zu befahrenden Strecken konzipiert. Das Lokpersonal konnte eben nur auf „ihren" Maschinen eingesetzt werden. Noch mehr Schwierigkeiten und Kosten verursachten Revisionen, die nicht allgemein, sondern in für den jeweiligen Loktyp spezialisierten Ausbesserungswerk oder dem Herstellerwerk durchgeführt werden mussten.

Beim 1921 gegründeten „Engeren Lokomotivausschuss" führte diese Erkenntnis zu der Entscheidung für nach Einheitsgrundsätzen zu bauenden Schnellzuglokomotiven, statt bewährte Länderbauarten weiter zu beschaffen. Für eine Übergangszeit wurden aber doch noch bayrische S3/6 und preußische P10 beschafft. Das Eisenbahnzentralamt in Berlin und Vertreter der Firma Borsig hatten schon Kostruktionsrichtlinien festgelegt, zum Beispiel Achsdruck, Leistung, Geschwindigkeit usw. Trotz der guten Erfahrungen mit Vierzylindermaschinen, wollte man sich nicht festlegen, denn die preußischen S10 waren einfacher und hatten sich bewährt. Ende 1925 konnte die erste Vierzylinder-Ein-

03 001 ist die Traditionslok der DR-Ost. Hier mit einem Sonderzug am 28. September 1982 unterwegs.

03 001 fast im Auslieferungszustand von 1930 bei einer Ausstellumg in Greiz 1980 neben der zehn Jahre später in gleicher Einheitsbauart entwickelten Güterzugbaureihe 50, hier nun mit der copmutergerechten DR-Ost-Nummerierung 50 1849-4.

heitsschnellzuglokomotive 2`C1`h4v, Baureihe 02 in Betrieb genommen werden. Ihr folgte bereits im Januar 1926 die 2`C1`h2, Baureihe 01 als Zweizylindermaschine. Achsdruck war bei beiden Baureihen 20 t und der Achsstand mit Tender (T32 oder T34) 20,32 m. Kosten in allen Bereichen spielten auch schon bei der Deutschen Reichsbahn eine entscheidende Rolle: von der Beschaffung über den Betrieb bis zur Unterhaltung und den Betriebsmittelverbrauch. Die neuen 01 und 02 waren für viele Strecken, besonders im flachen Bereich nördlich der Deutschen Mittelgebirge von Aachen bis Königsberg mit 20 t Achsdruck zu schwer. Für viele schnelle Züge war ihre Leistung und damit der Kohleverbrauch überdimensioniert. Dem Verlangen nach schnellem Erhöhen der Achslasten aller Strecken auf 20 t konnte aus Kostengründen nicht entsprochen werden.

Schon 1926 befasste sich der Engere Lokomotivausschuss mit der Frage, ob eine leichtere, in allen Bereichen auch kostengünstigere Schnellzuglokomotive zu beschaffen wäre. Nachdem man sich auf die gleiche Achsfolge (2`C1) festgelegt hatte, lagen 1929 neun Entwürfe von den Firmen Henschel-Maffei und BMAG und dem Vereinheitlichungsbüro vor. Entschieden wurde der Bau von drei leichten Schnellzuglokomotiven mit der Baureihenbezeichnung 03 für eine zulässige Höchstgeschwindigkeit von 120 km/h. Das führende Drehgestell hatte siebenspeichige Laufräder mit einem Durchmesser von 850 mm. Später bekamen die Laufräder neun Speichen. Ab 03 163 wurde der Laufraddurchmesser auf 1000 mm erhöht. Diese Maschinen durften 130 km/h schnell sein. Durch technische Änderungen, besonders in der Bremswirkung, wurden auch Maschinen mit den kleineren Laufrädern für 130 km/h zugelassen. Die 03 175, 193 und 207 in besonderer Bauform wurden bereits für eine zulässige Höchstgeschwindigkeit von 140 km/h geliefert.

Eine Besonderheit galt ab 1934 für die Strecke Hamburg–Berlin: durch technische Änderungen an 03 032 – 038, 073, 108, 139 und 171 durften diese Loks sogar 140 km/h schnell sein. Das hing nicht mit dem kleineren Laufraddurchmesser zusammen. Die ersten drei Lokomotiven BR 03 wurden von Borsig gebaut und 1930 mit dem Kurztender T30, Bauform 1926 ausgeliefert. Durch diesen Tender mit nur einem Drehgestell und dicht im Rahmen fest liegenden zwei Achsen war der Gesamtachsstand der Lok so verkürzt, dass sie auf 20-m-Drehscheiben auf vielen Endpunkten wenden konnten. Weitere 03-Lokomotiven wurden mit dem T32-Einheitstender geliefert, bis später die größeren T34-Einheitstender zum Einsatz kamen. Tendertausch auch mit anderen Einheitslokomotiven der Baureihen 01, 02, 41 und 44 war keine Seltenheit. Auch die Bauform änderte sich im Laufe der Zeit bis hin zu eigenmächtigen Änderungen in Bahnbetriebswerken. Am 20. Januar 1938 wurde als letzte Lok die 03 297 in Betrieb genommen.

Die Hoffnung der Deutschen Reichsbahn, durch den Neubau von nun 540 (232 BR 01, 10 BR 02, 298 BR 03) Schnellzuglokomotiven die vielen unterschiedlichen Länderbahnlokomotiven ablösen zu können, erfüllte sich durch das verstärkte Verkehrsaufkommen in den 1930-Jahren nicht. Die ersten 3 03 wurden dem Bw Osnabrück Hbf zugewiesen, aber in den Folgejahren kamen bis 1938 immer weitere hinzu, mit 03 294 die letzte dem Bw Osnabrück neu zuge-

03 002 mit DR-Mischvorwärmer zeigt sich 1980 bei einer Ausstellung in Magdeburg noch in vollem Glanz. Nach Unfall musste sie abgestellt werden und fand ab 1983 als Dampfspender Verwendung. Im Museum Prora auf der Insel Rügen hat sie wiederum Bauartänderungen erfahren.

wiesene 03. Schon in den ersten beiden Jahren an die Bw Schneidemühl Pbf, Hannover, Frankfurt (Oder) und Stargard zugewiesenen 03 ließen den Einsatz für Flachlanddienste erkennen. Bis 1938 gab es kaum eine Reichsbahndirektion, die nicht mit 03-Maschinen versorgt wurde. Manchmal waren es nur wenige Stück. Wenn sich herausstellte, dass keine sinnvollen Umläufe oder Dienstpläne mit kurzen Ausfallzeiten möglich sind, wurden die 03 anderen Dienststellen zugewiesen. Nach dem Zweiten Weltkrieg verblieben 03-Lokomotiven auch in Polen, die zum Beispiel 1944 in Danzig oder Breslau beheimatet waren. Die 1944 in Königsberg beheimateten 03 verblieben im von Russland besetzten Ostpreußen.

In der technischen Weiterentwicklung der Baureih 03 gingen die beiden Deutschen Bahnverwaltungen unterschiedliche Wege.

Die Ostzone, also der von den Sowjets besetzte Teil Deutschlands, wurde 1949 zur DDR. Die Eisenbahnverwaltung behielt ihren Namen Deutsche Reichsbahn; in der Literatur mit dem Zusatz „Ost" versehen. Auch dort waren 03-Lokomotiven verblieben. Fast jede zweite 03 war nicht betriebsbereit. So gab es 1950 nur bei den Bw Halle-P., Leipzig West und Nord und Wittenberge einen 03-Bestand. Fast alle wurden von 1951 bis 1954 wieder aufgearbeitet, später mit Speisewasser-Mischvorwärmer ausgerüstet, erkennbar an dem typischen Kasten vor dem Schornstein. Kesseltausch war normal, sowohl aus den 1930er-Baujahren wie auch für die BR 41 1957 gelieferten Neubaukessel der Firma SKL, Magdeburg. Im Rekonstruktionsprogramm der DR-Ost war vorgesehen, für verschiedene Dampflokbaureihen neue Kessel vom Typ 39E zu beschaffen. Sogar die abgewirtschaftete

1967 trafen sich im Bw Helmstedt die DR-Loks 03 095 und 01 005. Deutlich wird hier der kleinere Kessel der 03 gegenüber der schwereren Einheitslokbaurt 01.

03 284 im Schuppentor des Bw Hamburg-Altona zeigt die Frontansicht der nun typischen DB-03 mit schmalem Schornstein und den kleinen Wittewindleitblechen

03 121 ist eine Rekolok der DR-Ost und macht Pause im Lokschuppen des Bw Hamburg-Altona. 1966 hat sie noch ihre großen Wagnerbleche. Eine Seltenheit bei Rekoloks!

ex. preußische P10, Baureihe 39, befand sich darunter und wurde fortan als Baureihe 22 geführt. Die beschränkte Verwendbarkeit der BR 22 ab 1966 führte vermehrt zu deren Abstellung und das mit den noch nicht einmal zehn Jahre alten Kesseln 39E. Verwendbarkeit für die noch länger benötigten Schnellzuglokomotiven BR 03 war ohne größeren Aufwand möglich. 1969 waren 03 081 (Foto) und 03 151 mit Kesseln der 22 036 bzw. 22 035 ausgerüstet worden. Die Kessel 39E hatten keinen Speisedom. Nur drei Loks der BR 03 erhielten keinen Kessel aus der BR 22. Am 9. Dezember 1983 wurden die letzten 03 bei der DR-Ost ausgemustert.

In den Westzonen waren die 03-Lokomotiven im Bereich der späteren Deutschen Bundesbahn noch in verschiedenen Bahnbetriebswerken zu finden, zum Beispiel Offenburg bis 1953, Wiesbaden bis 1958, Mainz bis 1955, Ludwigshafen bis 1961. Saarbrücken, später Trier von 1957 bis 1965.

Bei der DB wurden 1951 alle größeren Einheitslokomotiven untersucht, um herauszufinden, wieso zunehmend Dampfmangelfälle und damit Leistungsverluste auftraten. Es hing zum Teil mit der Beschaffenheit der nun aus tieferen Schichten geförderten Ruhrkohle zusammen. Änderungen an der Saugzuganlage, am Schornsteindurchmesser, an der Feuerbehandlung und noch vielen technischen Details führten zu besseren Leistungen, wie die 1953 testweise mit 03 statt 01 bespannte Fahrt des Nord-Express von Hamburg nach Aachen bewies. Kurzfristig wurden alle 03-Lokomotiven derart umgebaut, was

03 153 Lok des Bw Rostock ist über die innerdeutsche Grenze nach Lübeck gekommen und wartet 1963 mit D161 im Hbf auf die Rückfahrt

für den Betrachter am schmaleren Schornstein zu erkennen war. Den sichtbar schmaleren Schornstein bekamen teilweise auch Lokomotiven der Baureihen 50, 41, 24, 64, 86 und sogar die ehemals preußischen 39er.

Es war der Fortgang der Elektrifizierung Ende der 1950er-Jahre (Rheintal und Ruhrgebiet), der die Baureihe 03 bei der Deutschen Bundesbahn nun zum Flachlandrenner werden ließ und somit auf wenige für solche Dienste zuständige Bw konzentrierte:

- 1. Niederrhein: Bw Köln-Deutzerfeld und Bw Mönchengladbach.
- 2. Emsland und Münsterland: Bw Rheine, bis 1960 auch Bw Osnabrück Hbf
- 3. Niedersachsen: die Bw Hannover Hbf, Bremen Hbf und Braunschweig.
- 4. Hamburg und Schleswig-Holstein: Bw Hamburg-Altona.
- 5. Auslauf-Bw Ulm.

Nach der Elektrifizierung der Rheintalstrecken blieb dem Bw Köln-Deutzerfeld vorwiegend die Bespannung nach Aachen aber auch durchs Siegerland bis nach Gießen: D384 von Aachen über Siegen bis Gießen. 1965 erhielt das Bw Köln-Deutzerfeld vom Bw Rheine die 03 251, 03 284 und 03 296 mit dem Kurztender T30. Sie wurden durch freiwerdende T34 von ausgemusterten Loks der Baureihe 41 getauscht. 1966 war das Bw Köln-Deutzerfeld zum größten Ellok-Bw der Direktion geworden und musste die Dampflokunterhaltung aufgeben. Das Bw Mönchengladbach erhielt die 03 und war für die verbleibenden Dampflokdienste in der BD Köln zuständig. Mönchengladbach setzte seine 03 nach Köln, über Viersen nach Holland, Aachen und über Krefeld hinaus bis Kleve und Nijmegen ein; bis 1967 sogar auf dem elektrifizierten Stück nach Düsseldorf mit E533. Die 03 179, 251, 268 und 276 wurden nach Ulm abgegeben, alle übrigen nach und nach abgestellt, zum Teil in Gremberg oder Neuß.

Das Bw Rheine war für die Strecken nach Norddeich, Holland und über Osnabrück hinaus zuständig. 1960 hatte das Bw Rheine mit 28 Maschinen BR 03 den höchsten Bestand an dieser Lokgattung. Viele hatten noch den Kurztender T30, weil an verschiedenen Wendepunkten, besonders in Holland, nur 20-m-Drehscheiben verfügbar waren. Durch die Zuweisung von 01-Lokomotiven ab 1962 verringerte sich der Bestand. Die niedrigen Ordnungsnummern wurden abgestellt, die anderen hauptsächlich nach Hamburg-Altona abgegeben. Freiwerdende 01 und 01.10 anderer Bw ersetzten 1966 die 03 in Reine. Zum Beispiel waren Leistungen mit 03 auch F191/192, D171/172, D195/196, E621/622, E625/626 und E565.

Dem Bw Hannover Hbf wurden bereits mit 03 039 bis 03 044 1931 die ersten Loks der BR 03 zugewiesen; 03 010 bis 03 015 folgten ein Jahr später. In den Folgejahren kamen weitere neue

03 153 vom Bw Rostock hat 1963 noch ein T32-Niettender und große Wagnerwindleitbleche. Bei der nächsten HU verliert sie beides.

03 285 des Bw Rheine 1963 in Hamm zeigt eine eigenwillige Änderung des T30-Kurztenders: Der Kohlenkasten ist erhöht und hat seitliche Stützen bekommen.

03 252 im Juni 1963 in ihrem Heimat-Bw Köln-Deutzerfeld

03 138 vom Bw Braunschweig wartet 1964 im Bw Hannover Hbf auf den nächsten Einsatz zurück in die Heimat

03 086 im Bw Koblenz-Moselweiß im Juni 1963. Hier war Wendepunkt für 03 des Bw Trier, die die Moselstrecke bedienten. Der Einsatz währte nicht lange: Bis zum elektrischen Betrieb der Moselstrecke übernahmen die neueren Dampfloks, Baureihe 23, die Dienste.

03 265 1966 vor dem Schuppen des Bw Rostock

03 153 mit großen Windleitblechen und dem ursprünglichen T32-Nietentender wartet 1963 mit dem D161 in Lübeck Hbf

03 269 steht 1965 in ihrem jetzigen Heimat-Bw Leipzig Hbf West. Sie war von Halle hierher abgegeben worden und kehrte 1967 wieder dorthin zurück.

03 dazu. Bis Ende der 1950er-Jahre hatte das Bw Hannover einen beachtlichen Bestand, der durch Abgabe nach Bremen und Braunschweig kontinuierlich verringert wurde. Wobei diese Bw vorwiegend die bisherigen Zugleistungen von Hannover übernehmen mussten. Letzte abgegebene 03 war 03 134 nach Bremen 1965.

Das Bw Bremen Hbf erhielt erst 1936 seine ersten 03-Loks. Durch Zugänge besonders aus Hannover hatte dieses Bw seinen höchsten 03-Bestand mit 26 Stück 1961 erreicht. Leistungen waren besonders nach Bremerhaven, Wilhelmhaven, Cuxhaven und durch die Heide zu erbringen. Besondere Leistungen war der E452/451 Bremen–Frankfurt bis Bielefeld und E450/449 von Cuxhaven nach Altenbeken. Der wurde ab Bremen mit 03 gefahren. Der E634/633 von Hamburg-Altona nach Altenbeken verließ in Buchholz die Hauptstrecke nach Bremen und fuhr weiter durch die Heide über Soltau, Schwarmstedt, Hannover. Mit dem Sommerfahrplan 1968 endete der 03-Bedarf in Bremen. Nur 03 114 fand in Ulm kurzzeitig bis zur Abstellung eine neue Heimat.

Das Bw Braunschweig Hbf erhielt 1933 seine ersten 03-Loks. Erst durch Zugänge besonders aus Hannover hatte dieses Bw seinen höchsten 03-Bestand mit 21 Stück 1961 erreicht. Viele ehemalige Leistungen von Hannover wurden übernommen. Vermehrt wurden Eilzüge und Personenzüge bespannt, weil ansonsten kein Bedarf für Schnellzüge bestand. Nachdem Anfang des Jahres 1968 03 127 nach Mönchengladbach abgegeben worden war, blieben nur noch 03 131 und 03 266 im Bestand, wurden aber 1969 abgestellt.

Dem Bw Hamburg-Altona wurden 1931 mit 03 032 bis 03 038 die ersten 03-Lokomotiven zugewiesen, im weiteren Verlauf bis 1938 immer nur einzelne. Bei Kriegsende hatten es einige Ostloks geschafft, in den Hamburger Raum zu kommen. Alle schadhaften Maschinen wurden aufgearbeitet und nur 03 016, 072, 074, 076, 078, 079, 132, 136, 149 262 und 263 blieben hier und wurden dem Bw Hamburg-Altona zugeteilt. Mitte der 1950er-Jahre hatte man dem Bw nur Dienste in Schleswig- Holstein zugewiesen, wodurch der Bestand auf 18 Loks BR 03 zurückging. Das änderte sich in den folgenden Jahren, weil Dienste in Niedersachsen und von der preußischen P8 dazukamen. 1962 hatte das Bw Hamburg-Altona mit 40 Loks den höchsten 03-Bestand. Durch den Einsatz von Diesellokomotiven und die Zuweisung von ölgefeuerten 01.10 1967 ging der Bedarf an 03 kontnuierlich zurück. Mit Abgabe der 03 262 nach Ulm und Abstellung aller übrigen endete in Hamburg-Altona die Zeit der Dampf-03 1969.

Kleine Auswahl von Zügen die in den 1960er-Jahren mit 03 gefahren wurden:

- D66 von Norddeich Mole nach Köln über Hagen wurde bis Münster mit 03 gefahren, danach bis zum Ziel Lok des Bw Hagen-Eck., voriegend 03.10.
- E731 nach Norddeich Mole über Hagen, Hamm und Münster begann die Fahrt in Wuppertal-Vohwinkel um 5.37 Uhr, musste betriebsbedingt die Lok in Münster wechseln und erreichte das Ziel nach 330 km um 11.15 Uhr. Der Gegenzug E732 fuhr bis Köln Hbf.
- E755 Bremen Hbf ab 16.53 Uhr nach Hamburg-Altona, Ankunft 18.52 Uhr.
- E712 Helmstedt ab 11.21 Uhr über Goslar 12.26 Uhr, Göttingen 13.45 Uhr nach Kassel an 14.48 Uhr.
- E575 war über 16 Stunden unterwegs. Er fuhr durchs Mosel- und Lahntal mit 03 und auch am Ende zum Zielbahnhof Westerland (Sylt). Die Fahrt begann um 7.21 Uhr in Trier, Koblenz ab 9.27 Uhr, Gießen an 11.25 Uhr Lokwechsel ab 11.46 Uhr, Kassel 13.40 Uhr, Hamburg-Altona 19.58 Uhr, Westerland an 23.51 Uhr.

03 121 der DR-Ost hat ihre Wagnerbleche eingebüßt, aber immerhin den T32-Niettender behalten

03 121 mit dem T32-Niettender an der Bekohlungsanlage des Bw Hamburg-Altona

03 081 mit DR-Mischvorwärmer hatte den Neubaukessel einer Reko 22 (22036) bekommen. Das ist erkennbar an dem noch auf der Nassdampfkammer befindlichen Luftsaugventil. Geändert wurde das ab 1972. 1969 im Bw Helmstedt musste Wasser nachgetankt werden.

03 095 passiert 1968 den S-Bahnhof Warschauer Straße auf dem Weg zum Berliner Ostbahnhof auf dem Ferngleis

03 179 hat 1954 schon den schmalen Schornstein, aber noch große Windleitbleche. Das dritte Spitzenlicht fehlt auch noch. Kriegsschäden sind im Düsseldorfer Hbf noch nicht behoben.

Mit 03 222 vom Bw Köln-Deutzerfeld bekam das Bw Ulm 1961 erstmals Lokomotiven der Baureihe 03 zugewiesen, um sie in Plänen der ehemals bayrischen S3/6 einzusetzen. Noch bis 1970 wurden in anderen Bws nicht mehr benötigte 03 dem Bw Ulm zugewiesen. Nicht nur die Donautalstrecken und die „Rennstrecke" nach Friedrichshafen waren das Einsatzgebiet, auch Lindau, Crailsheim, Aalen und weitere Ziele sind bekannt. Es wurden alle Reisezuggattungen bespannt: vom D76 Lindau–Kiel und D235 Innsbruck–Dortmund bis zu Nahverkehrsleistungen, denn 1968 waren die lange Zeit eingesetzten 38.10 nicht mehr in Ulm vorhanden. 03 088 wurde nach 40 Jahren aus dem Betrieb genommen und am 12. September 1972 beim Bw Ulm abgestellt. Damit endete auch bei der DB der Einsatz von Dampflokomotiven der Baureihe 03.

Die in diesem Beitrag gezeigten Farbbilder sollen noch einmal an eine bewährte Dampflokomotive erinnern, wo nur die erstgebaute 03 001 fast im Ursprungszustand erhalten geblieben ist. 03 001 wurde 1930 unter der Fabriknummer 12251 von Borsig gebaut. Auf technische Details wird weitgehend verzichtet.

Die Fotos stammen vorwiegend vom Autor.
Dank giltden Fotografen Spieth und Krausmannt.
Literaturhinweis: Buch „Die Baureihe 03" von Horst Troche, erschienen 2006 im EK-Verlag, Freiburg. „Heimatbetriebswerke" vom Röhr-Verlag.

Im März 1972 zeigt sich diese DR-Lok mit ihrer neuen Nummer 03 2058-0. Es folgt eine Rückwärtsfahrt von Leipzig Hbf, wie man an der rot-weißen Scheibe am Puffer erkennen kann.

03 074 vom Bw Mönchengladbach hat in Hagen den E342 von Warburg übernommen. Im Juni 1963 bringt sie ihn über Wuppertal zurück in die Heimat. Am 22.11.1966 wurde sie ausgemustert.

03 107 mit dem E342 unterquert 1963 bei der Ausfahrt Hagen Hbf das Güterzuggleis von Hagen Gbf nach Wuppertal und Brügge. Sie muss sich kräftig ins Zeug legen, um die 1:73-Steigung zu schaffen.

03 079 vom Bw Mönchengladbach steht im Juni 1963 im Vorfeld von Hagen Hbf. Sie wird gleich zurücksetzen, um den E342 zu übernehmen. Der wurde bis hier von einer Dreizylinder-03 gefahren.

03 111 vom Bw Mönchengladbach setzt in Hagen Hbf im März 1963 zurück, um den E342 übernehmen zu können

03 291 vom Bw Köln-Deutzerfeld mit E819 (Köln–Oostende) am 7. November 1964 bei der Einfahrt Düren. In Aachen Hbf wird eine belgische Diesellok den Zug übernehmen.

03 072 vom Bw Mönchengladbach am 22. April 1964 auf der Vorflutbrücke bei Neuß mit einem Autoreisezug aus den Niederlanden

03 219 im Bahnhof Emden West im Juni 1963 mit D66 nach Köln. Rechts im Bild sieht man 82 023, die Urlauber von der Insel Borkum ab Emden-Außenhafen hierher brachte.

03 091 vom Bw Rheine mit dem T30-Kurztender fährt im Juli 1962 frühmorgens mit dem E731 in Hagen Hbf ein

03 218 vom Bw Rheine passiert am frühen Morgen des 2. Mai 1964 mit E731 die Eisenbahnergärten nahe der Blockstelle Schwerter Straße in Hagen

03 063 mit dem T30-Kurztender von Rheine kam bis Hannover. Hier im Bw Hannover Hbf im Oktober 1962, wo 38 2581 auf der Hauptstrecke mit einem Personenzug von Hildesheim vorbeifährt.

03 266 vom Bw Braunschweig wartet 1963 im Bahnhof Uelzen

03 014 hat den Heideexpress nach Bremen zu fahren. Fotografiert im August 1963 im Bahnhof Uelzen.

03 034 wartet im September 1967 im Bahnhof Hamburg-Altona mit einem Eilzug.

03 135 Reko-Lok der DR-Ost steht im Mai 1967 mit D163 abfahrbereit im Hbf Hamburg

03 006 wird im Oktober 1962 im Heimat-Bw Hamburg-Harburg mit Kohle versorgt. Drei Jahre später wurde sie abgestellt und ausgemustert.

03 055 hat man im Februar 1964 im Abstellbahnhof Hamburg-Altona zu Heizdiensten herangezogen

03 014 ist noch im Bw Bremen Hbf beheimatet, wurde bald nach Trier abgegeben. Im August 1963 steht sie in Bremen Hbf abfahrbereit mit einem Eilzug Richtung Norden.

03 114 im September 1962 am Bahnsteig in Bremen Hbf. Bald startet die Fahrt Richtung Norden. Die Lok war 1961 vom Bw Braunschweig zugeteilt worden und kehrte nach der Elektrifizierung der „Norddeutschen Rennbahn" wieder dorthin zurück.

03 140 hat im August 1962 einen Kindersonderzug von Köln zu den Fährhäfen im Norden zu ziehen. In Ennepetal-Milspe geht es schon bergab Richtung Hagen. Zu der Zeit fuhren Ferienkinder zu den Erholungsorten auf Borkum und Norderney mit dem Zug.

03 220 steht 1962 mit dem E755 abfahrbereit in Bremen Hbf

03 241 war 1963 vom Bw Köln-Deutzerfeld zum Bw Trier umbeheimatet worden und wurde auf den Talstrecken von Mosel und Lahn eingesetzt. Hier fotografiert im August 1964 mit E575 bei Löhnberg im Lahntal. Allerdings dauerte ihre Dienstzeit nur noch bis Januar 1965.

03 129 vom Bw Braunschweig hat am 19. Januar 1963 ihr Ziel Göttingen erreicht und muss für die Rückfahrt im Bw G. gedreht werden. Nur noch zwei Jahre war sie im Einsatz.

03 164 vom Bw Braunscheig ist am 19. Januar 1963 in Göttingen mit E712 angekommen. Die Fahrt führte von Helmstedt am Nordrand vom Harz entlang. Gegenüber ist kurz zuvor eine 78er mit einem Personenzug aus Hannover angekommen.

Die 03 060 war 1950 eine Schadlok und wurde von der DR-Ost wieder aufgearbeitet. Im Juli 1968 nimmt sie Wasser im Bw Helmstedt.

03 081 1969 im Bw Helmstedt ist noch ohne das seit 1958 bei der DB übliche Drei-Lichtspitzensignal über die innerdeutsche Grenze gekommen. Im Hintergrund ist aber die Ablösung zu erkennen, der V180.

03 095 ist eine DR-Rekolok. Mit dem D112 von Berlin hat sie im Juli 1967 die innerdeutsche Grenze passiert und erhält Einfahrt in den Bahnhof Helmstedt, wie es an dem Signal zu erkennen ist.

03 2117-4 im Bahnhof Haldensleben am 16. August 1980

03 108 vom Bw Ulm am 11. Mai 1964 in Aulendorf ist mit dem D234 angekommen. Im Neber gleis 38 3599 vom Bw Ulm mit dem Personenzug 1324 nach Friedrichshafen, der jetzt hier überholt wurde.

003 088-2 ist die letzte aktive Schnellzuglok vom Bw Ulm, als sie mit Zug 3343 im Juni 1972 bei Einsingen fotografiert werden konnte

03 246 hat ihren T32-Tender mit nach Ulm gebracht. Fotografiert im Juni 1968 in Ulm.

003 168-2 mit E506 im Juli 1969 südlich von Ulm, wo sie anschließend das Donautal verlassen wird.

003 160-9 und 050 428-2, beide vom Bw Ulm, sind mit dem Zug 3331 im Bahnhof Friedrichshafen Stadt startklar für die Heimfahrt.

003 248-2 mit E506 fährt 1969 in den Bahnhof Biberach/Riß ein

Alexander Weber

Eisenbahntechnik und -ausstattung der Maschinenfabrik Esslingen

Eine Fotodokumentation

Die meisten Leser des Jahrbuches werden die Maschinenfabrik Esslingen (ME) – nicht zuletzt auch aufgrund der Anfang diesen Jahres abgeschlossenen Fotobandreihe zum Fahrzeugbau der ME – als Hersteller von Eisenbahnfahrzeugen kennen. Das Unternehmen war aber nicht nur als Produzent von Lokomotiven, Triebwagen und Waggons tätig, sondern auch von technischen Anlagen und Ausstattungen von Eisenbahnstrecken selbst.

Die Entstehung der Maschinenfabrik Esslingen ist nämlich eng mit dem Eisenbahnbau im damaligen Königreich Württemberg verknüpft. Das an Bodenschätzen arme Land will um 1830 den Anschluss an die industrielle Revolution nicht verpassen und betreibt daher einen massiven Ausbau der Industrie. Gleichzeitig soll auch das Transportwesen modernisiert werden, weshalb 1840 eine Eisenbahnkommission eingerichtet wird. Diese übernimmt die Planung und den Bau des Streckennetzes und macht sich auch auf die Suche nach einem Betreiber für eine geplante landeseigene Schienenfahrzeugproduktion.

Diese findet man schließlich in der Person des Fabrikanten Emil Kessler, der 1836 zusammen mit seinem Geschäftspartner Theodor Martiesen die 1833 von Jakob Friedrich Messmer gegründete mechanische Werkstätte in Karlsruhe übernommen hatte. Nur ein Jahr spä-

Diese Panoramaaufnahme zeigt den Hüttenbahnhof in Oberhausen im Jahr 1936. Die Weichensteuerung, die die ME geliefert hat, erfolgt durch Fernbedienung mittels Drahtzügen.

ter gründen Kessler und Martiesen die Maschinenfabrik Emil Kessler & Theodor Martiesen und starten dort mit der Fertigung von Kleinmaschinen, Geräten und Eisenbahnzubehör. Hier entsteht Ende 1841 mit der Badenia auch die erste von Kessler entwickelte Dampflokomotive. Ab 1842 ist Emil Kessler Alleininhaber des Unternehmens, das nun als Maschinenfabrik von Emil Kessler firmiert.

Da Kessler auch Entwürfe für Lokomotiven für die neu gegründete Königlich Württembergische Staatseisenbahn (KWStE) bei der Eisenbahnkommission einreicht, werden die Verantwortlichen auf den Fabrikanten aufmerksam und erteilen ihm am 4. Februar 1846 schließlich den Zuschlag zum Aufbau und Betrieb der ME. Er muss dabei nicht nur die Werksanlagen aus eigener Tasche errichten, sondern auch das Stammkapital für die Maschinenfabrik Esslingen Aktiengesellschaft in Höhe von 300.000 Gulden, nach heutigem Geldwert rund 5 Millionen Euro, aufbringen, wobei ihm der Staat ein Darlehen in Höhe von 200.000 Gulden gewährt.

Kessler macht sich sofort an die Arbeit und innerhalb kürzester Zeit entstehen auf dem Gelände unterhalb der Pliensaubrücke und des Pliensauturmes die Fabrikhallen der Maschinenfabrik, die am 15. März 1847 einen ersten Personenwagen an die KWStE ausliefern kann. Die erste Lokomotive, die auf den Namen Esslingen getauft wird, folgt am 8. Oktober 1847. In der Folge wird die Maschinenfabrik Esslingen zum Hauptlieferanten von Eisenbahnfahrzeugen für die KWStE und kann bald auch an erste Kunden außerhalb Württembergs Fahrzeuge verkaufen.

Da Emil Kessler ein kluger Geschäftsmann ist, beschränkt er sich aber nicht allein auf die Fertigung von Eisenbahnfahrzeugen, sondern er weitet das Lieferprogramm der ME in den nächsten Jahren kontinuierlich aus. So gehören bald auch stationäre Dampfmaschinen, Lokomobile, Pumpen und Gießerei-Erzeugnisse jeglicher Art zum Angebot. Zwischen 1851 und 1858 engagiert sich das Unternehmen sogar im Schiffsbau und liefert Dampfschiffe für den Bodensee und den Neckar. 1852 schließlich startet die ME auch noch die Herstellung von Kränen und Stahlbrükken. Auch diese beiden neuen Geschäftszweige entwickeln sich sehr erfolgreich. Wobei der ME gerade beim Brückenbau bald ein Konkurrent entstehen wird.

1863 eröffnen nämlich die Brüder Ferdinand und Christian Friedrich Decker zusammen mit ihrem Geschäftspartner Julius Wiessner die Gebrüder Decker & Co., Maschinenfabrik, Eisengießerei, Kesselschmiede, Brückenbau, deren Produktionsprogramm, wie schon der Firmenname unschwer erkennen lässt, sich stark mit dem der ME überschneidet. Vor allem beim Brückenbau wird Decker ab 1864 der ME immer mehr den Rang ablaufen und zahlreiche prestigeträchtige Aufträge im In- und Ausland übernehmen.

Da es Emil Kessler und seinen Mitarbeitern allerdings gelungen ist, die Maschinenfabrik Esslingen zu einem der größten Maschinenbauunternehmen des Königreich Württembergs auszubauen, betrachtet dieser den neuen Mitbewerber am Markt eher als Herausforderung, die eigenen Produkte weiter zu verbessern, um die eigene Spitzenposition zu halten, denn als echten Konkurrenten. Lange wird er die Geschicke seines Unternehmens allerdings nicht mehr lenken können, denn der rast- und ruhelose Fabrikant stirbt am 16. März 1867 an einem Herzschlag, worauf sein damals erst 26-jähriger gleichnamiger Sohn Emil Kessler die Firmenleitung übernimmt

Unter seiner Ägide kann die Maschinenfabrik Esslingen 1870 ein Jubiläum feiern. Die tausendste Dampflokomotive rollt aus den Werkshallen und erhält zu Ehren des Firmengründers den Namen Kessler. Zudem treibt Emil Kessler den Wachstumskurs des Unternehmens voran. So steigt die ME 1882 in die Fertigung von Sicherungstechnik ein, wozu man einen Lizenzvertrag mit dem Signal- und Stellwerkshersteller Maschinenfabrik Schnabel & Henning in Bruchsal abschließt. Zudem kauft Kessler 1882 die in finanzielle Schwierigkeiten geratene Maschinenfabrik Gebrüder Decker & Co in Cannstatt auf. In der Folge wird der ME-eigene Brückenbau, der in den letzten Jahren auf eher niedrigem Niveau dahingedümpelt ist, mit dem der früheren Firma Decker in deren Cannstatter Werk zusammengelegt. Da zudem auch die sonstigen Werksanlagen in Esslingen mehr und mehr an ihre Grenzen geraten, verlagert Kessler auch die Gießerei dorthin, während in Esslingen selbst der Lokomotiv- und Wagenbau sowie der Kesselbau verbleiben.

Nur zwei Jahre später unterstützt die Maschinenfabrik Esslingen die Gründung der Elektrotechnische Fabrik Cannstatt, die in Teilen der früheren Deckerschen Fabrik die Produktion von Glühlampen, Elektromotoren und Dynamos aufnimmt. 1885 scheidet Emil Kessler junior aus dem Unternehmen aus, das aber weiter auf Wachstumskurs ist. So gründet die Maschinenfabrik 1887 nicht nur ihre erste Auslandsniederlassung in Form der Costruzioni Meccha-niche Saronno in Italien, sie übernimmt auch die Elektrotechnische Fabrik Cannstatt komplett und gliedert sie als Elektrotechnische Abteilung in den Konzern ein. Diese erweitert das Produktionsspektrum in den Folgejahren um Anlagen für Elektrizitätswerke und übernimmt auch den Bau und Betrieb dieser. Eine logische Konsequenz ist daher, dass ab 1888 auch die im Kranbau schon länger gefertigten mechanischen Drehscheiben und Schiebebühnen nun erstmals mit elektrischem Antrieb erhältlich sind.

Mit der Maschinen- und Kesselfabrik G. Kuhn aus Stuttgart-Berg kann 1902 ein weiterer Mitbewerber übernommen und damit das Produktionsspektrum im Kessel-, Dampfmaschinen- und Pumpenbau weiter vergrößert werden. Allerdings steht die Firmenleitung nun vor dem Problem, drei räumlich getrennte Produktionsstätten zu haben. Da auch das Stammwerk in Esslingen nicht weiter wachsen kann, machen sich die Verantwortlichen auf die Suche nach einem neuen Standort und leiten gleichzeitig eine Umstrukturierung ein. Bis 1904 legt die Maschinenfabrik Esslingen daher alle noch firmeneigenen Elektrizitätswerke zur Württembergischen Gesellschaft für Elektrizitätswerke AG zusammen und verkauft sie in der Folge an die jeweiligen Städte und Gemeinden.

Maßgeblichen Einfluss auf diese Neuausrichtung hat seit 1907 wieder ein Vertreter der Familie Kessler. Ludwig Kessler, der jüngste Sohn des Firmengründers, übernimmt die Leitung des Unternehmens. Er kann schließlich 1908 mit der Stadt Esslingen einen Vertrag über den Erwerb eines Grundstücks im Ortsteil Mettingen abschließen, wo nur ein Jahr später der Bau der komplett neuen Fabrikanlagen beginnt. Nach und nach siedeln ab 1909 alle Abteilungen in den Neubau um, der 1913 schließlich noch um eine neue Gießerei mit Modellwerkstatt erweitert wird. Einzig die elektrotechnische Abteilung verbleibt an ihrem alten Standort Cannstatt.

Aus dem Eisenbahnfahrzeughersteller, als der die Maschinenfabrik Esslingen 1846 einmal gestartet war, ist so mittlerweile ein Industriekonzern mit breitem Fertigungsspektrum geworden. Die Schienenfahrzeuge aus den Abteilung L (Lokomotivbau) und W (Wagenbau) machen zwar immer noch den Großteil des Umsatzes aus, doch auch in den anderen Geschäftsbereichen ist die ME in jenen Jahren sehr erfolgreich. So können die Abteilung H (Hebezeug) Kräne, Drehscheiben und Schiebebühnen, die Abteilung S (Sicherungstechnik) Signale und Stellwerke und die Abteilung B (Brückenbau) Brükken aber auch Stahlhochbauten, Schleusen und Wehre an Kunden im ganzen Deutschen Reich und im Ausland verkaufen. Daneben entstehen in anderen Abteilungen des Konzerns Kessel, Pumpen, Kompressoren, Kälteanlagen, Kohlesäure- und Trockeneiserzeuger, Motoren und ein umfangreiches Angebot an Gießereierzeugnissen, um nur einige Produkte aufzuzählen.

Durch den Ausbruch des Ersten Weltkrieges 1914 nimmt diese Erfolgsgeschichte nun aber ein jähes Ende, bricht doch vor allem das Exportgeschäft vollkommen ein. Zudem wird auch die Maschinenfabrik Esslingen mit zunehmender Dauer des Konfliktes immer stärker in die Kriegswirtschaft eingebunden. Granaten, Minenwerfer und Kanonenrohre gehören fortan ebenso zum Produktionsspektrum wie Proviantwagen und Geschützprotze für die Armee. Als 1918 die Waffen wieder schweigen, stehen die Esslinger wie viele andere Industrieunternehmen vor einer schwierigen Phase der Rückkehr zu einer Friedensproduktion. Doch neue zivile Aufträge kommen in den durch Krisen und eine Hyperinflation gekennzeichneten Nachkriegsjahren nur spärlich herein. Selbst die früher guten Kontakte ins Ausland lassen sich nur schleppend reaktivieren. Daneben muss sich die Maschinenfabrik Esslingen auch noch von ihrer italienischen Filiale trennen, die der Industrielle Nicola Romeo aufkauft.

Da das Unternehmen so zunehmend in eine finanzielle Schieflage gerät, schließt sich die Maschinenfabrik Esslingen 1920 dem Gutehoffnungshütte Konzern (GHH) an. Unter seinem Dach gelingt es, die Situation zumindest teilweise zu stabilisieren und mit dem Beginn der Elektrofahrzeugproduktion 1923 auch noch neue Geschäftsfelder zu erschließen. Da auch die MAN zur GHH-Gruppe gehört, erfolgt 1926 eine Neugliederung der Geschäftsfelder mit der Verlagerung des kompletten Dampfkesselbaus der MAN zur Maschinenfabrik Esslingen, die im Gegenzug allerdings ihre Abteilung H auflösen muss, die wiederum der MAN zugeschlagen wird. Nur ein Jahr später übernimmt die Maschinenfabrik noch die Eismaschinenfertigung der Firma Riedinger aus Augsburg, wodurch eine enge Partnerschaft mit Riedinger aber auch mit Linde entsteht. Die Elektrotechnische Abteilung und die entsprechende Produktion muss die Maschinenfabrik Esslingen dagegen aufgeben und verkauft diese 1928 an die Berliner AEG.

Unter dem Dach der GHH übersteht die deutlich geschrumpfte ME die Jahre der Weltwirtschaftskrise und kann nach der Machtübernahme der Nationalsozialisten 1933 nun wieder vom wirtschaftlichen Aufschwung jener Jahre profitieren. Allerdings profitieren die verschiedenen Abteilungen der Maschinenfabrik dabei recht unterschiedlich vom Aufschwung. Während der Lokomotivbau, der einst der Hauptumsatzbringer war, eher schlecht als recht am Leben erhalten wird, können die Abteilungen S und B auf gut gefüllte Auftragsbücher blicken. Gerade beim Brücken- und Stahlhochbau realisiert die ME, teils zusammen mit der MAN, zwischen den beiden Weltkriegen einige spektakuläre Bauten und kann dank der Verwendung der von Regierungsbaurat Dr. Burkhardt entwickelten Betonwälzgelenke den Stahlbetonbau entscheidend voranbringen. Die Abteilung S beschränkt sich dagegen weitgehend auf die Produktion von Einheitsstellwerken nach Plänen der Reichsbahn, die nur noch in Details an die Gegebenheiten vor Ort angepasst werden. In Form einer eigenen Fahrstraßenfestlegesperre und eines Drahtzugweichenhebels, die 1937 vorgestellt und von der Reichsbahn positiv bewertet werden, zeigt aber auch diese Abteilung der ME, dass sie durchaus nichts von ihrem Erfindergeist verloren hat.

Der Ausbruch des Zweiten Weltkrieges setzt der positiven Entwicklung des Unternehmens jedoch erneut ein jähes Ende, ist die Maschinenfabrik doch nun wieder von vielen der wichtigen Exportmärkte abgeschnitten und hat daneben auch mit der im Verlaufe des Krieges immer stärkeren Materialbewirtschaftung und Einbindung in die Kriegswirtschaft zu kämpfen. In der Folge muss 1943 die Abteilung S geschlossen und die Restbestände müssen an die DRG abverkauft werden. Dafür bleibt das Werk, von leichten Zerstörungen bei einem alliierten Luftangriff 1944 abgesehen, von größeren Schäden weitgehend verschont, sodass die Fertigung unmittelbar nach Kriegsende unter alliierter Kontrolle wieder aufgenommen werden kann.

Es gelingt den Esslingern dabei zunächst schnell, wieder an ihre Erfolge aus der Vorkriegszeit anzuknüpfen, doch zeigen sich mehr und mehr strukturelle Probleme. Zudem entpuppt sich das breite Fertigungsprogramm, das sich sehr stark an Kundenwünschen orientiert und wenig auf eine kostengünstige Großserienproduktion ausgerichtet ist, nun als Achillesferse des Unternehmens. Auf Druck der Muttergesellschaft GHH muss die ME daher ab Mitte der 1950er Jahre immer mehr Geschäftsfelder aufgeben und wird ab 1965 schrittweise durch die Daimler-Benz AG übernommen. Diese löst bis 1968 außer dem Maschinen- und Fahrzeugbau sowie der Gießerei alle anderen Abteilungen auf. Den Maschinenbau verkauft Daimler-Benz 1968 schließlich an die GHH, während die Hamburger Still AG den Fahrzeugbau übernimmt. Die Gießerei wird in die Daimler-Benz AG eingegliedert, die die Werksanlagen in Mettingen 1969 von der Maschinenfabrik Esslingen pachtet. Diese existiert noch bis 2003 als Grundstück- und Verpachtungsgesellschaft im Besitz der Daimler-Benz AG weiter.

In dieser Fotodokumentation zeigen wir noch nicht veröffentlichtes Bildmaterial zu den Bereichen Hebezeug und Signaltechnik.

Text: Alexander Weber

Fotos: Wirtschaftsarchiv Baden-Württemberg

Hebezeug

Das Hauptprodukt der Abteilung H (Hebezeug) sind naturgemäß Kräne aller Art. Hier wird gerade in der Werkstatt im lothringischen Niederjentz ein Wagenkasten eines vierachsigen Abteilwagens mittels zweier Laufkräne auf seine Drehgestelle gesetzt.

Für das Anheben von Lokomotiven durch zwei Laufkräne, wie auf dieser stark retuschierten Werbeaufnahme, ist ein spezielles Gehänge nötig, das die ME natürlich auch liefert.

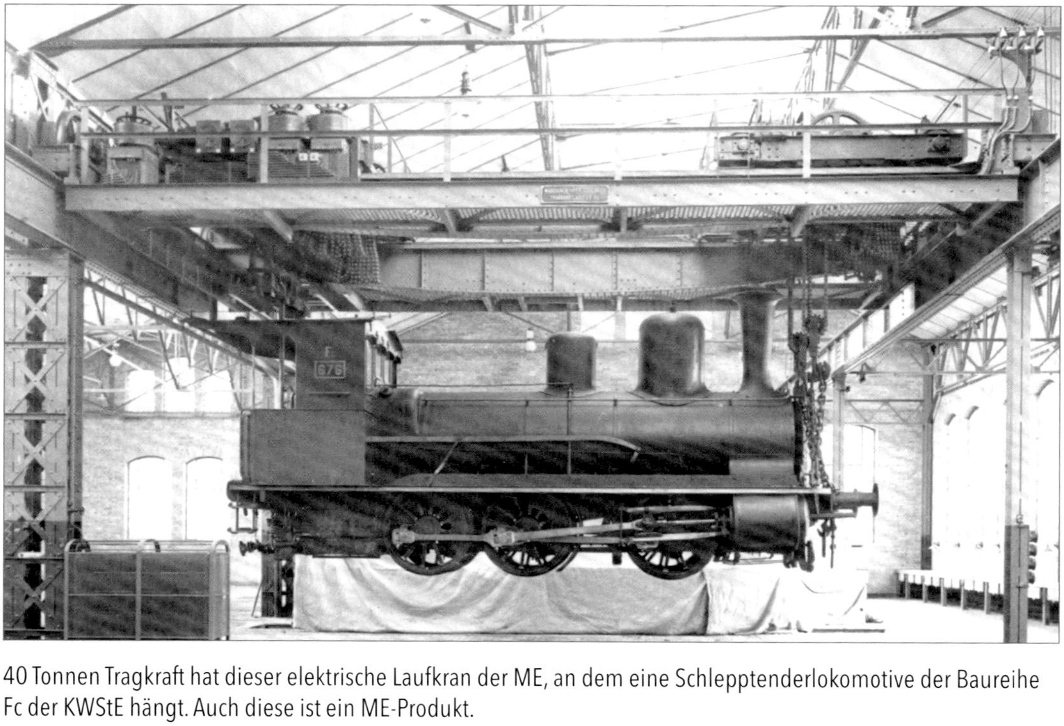

40 Tonnen Tragkraft hat dieser elektrische Laufkran der ME, an dem eine Schlepptenderlokomotive der Baureihe Fc der KWStE hängt. Auch diese ist ein ME-Produkt.

Aus dem Jahr 1912 stammt dieser doppelte elektrische Laufkran, bei dem jede der beiden Kranbrücken eine Tragkraft von 55 Tonnen besitzt.

In einem Betriebswerk der KWStE ist dieser leichte Portalkran im Einsatz. Er wurde 1912 von der ME geliefert.

Für kleine Unternehmen mit Bahnanschluss, die keine eigenen Rangierlokomotiven besitzen, hat die Abteilung H elektrische Rangierwinden im Angebot, mit denen Güterwagen auf dem Werksgelände bewegt werden können. Hier ein Exemplar von 1920.

Deutlich moderner präsentieren sich die elektrischen Spillwinden der ME in den 1930er-Jahren, wie auf diesen beiden Aufnahmen zu sehen ist.

Zum Lieferprogramm der Abteilung H zählen auch Drehscheiben. Dieses elektrisch angetriebene Exemplar tut im alten Stuttgarter Hauptbahnhof seinen Dienst, um die Schlepptenderlokomotive Giengen der KWStE zu wenden.

Hier hat man einen C-Kuppler der Klasse Fc platziert, welche die ME als erste Verbundlokomotiven an die KWStE liefert, werbewirksam auf einer Drehscheibe, die natürlich auch von der ME stammt.

Drehscheiben in einem Bahnhof sind heute nicht mehr denkbar. Um die Jahrhundertwende waren sie in Kopfbahnhöfen, wie dem alten Stuttgarter Hauptbahnhof, durchaus verbreitet, um die Lokomotiven dort schnell wenden zu können.

Auch elektrische Schiebebühnen fertigt der Hebezeugbau der ME. Dieses Exemplar versieht um 1910 seinen Dienst in der Königlichen Hauptwerkstatt Darmstadt.

Recht einfach gestaltet ist die unversenkte, elektrische Waggonschiebebühne in der Kallberger Hütte in Brebach.

Noch vor der Auslieferung hat der Werksfotograf hier eine für Trier bestimmte Lokomotivschiebebühne festgehalten. Die Aufnahme stammt aus der Zeit um 1910.

Auf dem Außengelände der Königlichen Hauptwerkstatt Darmstadt ist eine unversenkte Tenderschiebebühne zu finden. Gut erkennbar sind auf den beiden Aufnahmen die elektrischen Spillwinden zum Bewegen der Tender.

Die ME setzt ihre eigenen Schiebebühnen natürlich auch im Werk Mettingen ein. Hier sehen wir zwei direkt nebeneinander angeordnete Exemplare.

In der Hauptwerkstätte Cannstatt der KWStE wird eine elektrische ME-Schiebebühne, die ihren Strom mittels Trolleystangen bezieht, zum Verschieben der Waggon genutzt.

Im ME-Zweigwerk im norditalienischen Saronno ist eine unversenkte Waggonschiebebühne im Einsatz. Die Versorgung mit dem im Bahnbereich in Italien damals weit verbreiteten Drehstrom erfolgt durch eine dreiphasige Oberleitung.

Eine zweiteilige Doppelschiebebühne im Werk Mettingen. Die Aufnahme ist vor dem Ersten Weltkrieg entstanden.

1917 liefert die ME diese 20 m lange Schiebebühne an das Ausbesserungswerk Kornwestheim. Auf ihr sehen wir die letztgebaute württembergische K.

Die Werkstatt Niederjentz in Lothringen verfügt über eine elektrische 60 Tonnen-Schiebebühne der ME.

Recht schlicht präsentiert sich die Lokomotivschiebebühne der ME auf dem Werksgelände der Maschinenbaugesellschaft Karlsruhe

Aus dem Jahr 1913 stammt diese elektrische Schiebebühne im Werk Mettingen.

1920 kehrt der Werksfotograf ins Reichsbahn Ausbesserungswerk Kornwestheim zurück, wo sich die 20 m-Schiebebühne nach drei Jahren Einsatz noch bestens gepflegt zeigt.

Die Brauerei Robert Leicht in Vaihingen nutzt in den 1920er-Jahren diese versenkte Waggon-Schiebebühne, um Bierwaggons umzusetzen.

Die Brauerei Robert Leicht in Vaihingen nutzt in den 1920er-Jahren diese versenkte Waggon-Schiebebühne, um Bierwaggons umzusetzen.

1924 fertigt die Maschinenfabrik Esslingen diese Waggonschiebebühne für die Firma Weil in Feuerbach

Wir befinden uns in den 1950er-Jahren, in denen diese Aufnahme einer versenkten Schiebebühne im Werk Mettingen entstanden ist. Auf ihr ist ein Postwaggon zu sehen, der von der ME aufgearbeitet wird.

Rechts und unten: Auch diese Schiebebühne ist im Werk Mettingen zu finden. Ein interessantes Detail sind die Schutzbügel mit Warnschildern, um ein versehentliches Überfahren der Rampenelemente an den beiden Enden zu verhindern.

Signaltechnik

Weichen- und Signaltechnik im Bahnhof Kirchheim unter Teck stammen von der ME. So auch das Hauptsignal mit Zores-Mast im Vordergrund.

Aus dem Jahr 1936 stammt dieser Signalausleger nach Einheitsform mit Arbeitsbühne im Bahnhof Feuerbach.

Eine Signalbrücke mit Einfahrt-, Ausfahrt- und Vorsignalen im Bahnhof Mettingen.

Zu den Produkten der Abteilung S (Sicherungstechnik) zählen auch Einheitsschranken mit Betongewichten.

In den 1920er-Jahren liefert die ME diese Schrankenanlage für den Bahnhof in Kirchheim unter Teck.

Um 1940 ist die Aufnahme, die wir hier sehen, entstanden. Sie zeigt eine Schranke an der Hauptpforte des Werkes Mettingen.

Zum umfangreichen Angebot an Stellwerkstechnik der Abteilung S zählt auch dieser Befehlsblock mit 120 mm Teilung der Bauart ME 1906.

Hier sehen wir dagegen einen Befehlsblock mit 160 mm Teilung aus ME-Fertigung.

Um 1920 entsteht dieses Befehlsstellwerk der Bauart J für den Bahnhof Obertürkheim.

Bereits 1902 liefert die ME eine elektrische Kraftstellwerksanlage der Bauart Siemens & Halske für den Bahnhof Plochingen.

Hier sehen wir ein Stellwerk der Bauart G mit mechanischer Bahnhofblockung und vorneliegendem Verschlussregister.

In diesem Fall handelt es sich dagegen um ein Stellwerk der Bauart J mit elektrischer Bahnhofblockung und hintenliegendem Verschlussregister.

Dieses ist ein mechanisches Weichen- und Signalstellwerk mit Wechselstrom-Bahnhofsblock aus den 1920er Jahren.

Auch der neue Stuttgarter Hauptbahnhof wird natürlich von der ME mit Stellwerkstechnik versehen. Hier sehen wir das Stellwerk 2.

Stellwerk 3 des Stuttgarter Hauptbahnhofes besitzt eine von der ME gelieferte elektrische Kraftstellwerksanlage der Bauart Siemens & Halske 1912.

Hier sehen wir das Schalterwerk der Kraftstellwerksanlage Bauart Siemens & Halske 1912 in Stellwerk 3 mit seinen 200 Hebeln.

Stellwerk 1 des Stuttgarter Hauptbahnhofes besitzt ebenfalls eine von der ME gelieferte elektrische Kraftstellwerksanlage der Bauart Siemens & Halske 1912.

Das Schalterwerk der Kraftstellwerksanlage Bauart Siemens & Halske 1912 in Stellwerk 1 verfügt über Motorrelais für die Gleis-Freimeldung.

Der Bahnhof Obertürkheim ist mit einem mechanischen Stellwerk der ME mit schrägliegendem Verschlussregister ausgestattet.

Auf dieser Aufnahme des Stellwerksgebäudes in Obertürkheim ist das Rohrgestänge zur Bedienung der Weichen gut zu erkennen.

Für den Bahnhof Schwaickheim liefert die ME ein mechanisches Einheitsstellwerk, das parallel und mit der Rückseite gegen das Gleis angeordnet ist. Es verfügt über Signalhebel und einen fünffedrigen Sperrenblock für beide Richtungen.

Im Bahnhof Herbertingen realisiert die ME Mitte der 1930er Jahre ein Weichen- und Signalstellwerk mit Gleichstrom-Bahnhofsblock.

Ein mechanisches Weichen- und Signalstellwerk Jüdel`scher Bauart entsteht dagegen für den Bahnhof Sigmaringen.

Ebenfalls für den Bahnhof Sigmaringen fertigt die Abteilung S diesen Befehlsblock mit Wechselstromfeldern.

Dieses parallel und mit der Vorderseite gegen das Gleis angeordnete Einheitsstellwerk findet sich im Bahnhof Möhringen. Es verfügt über Signalrückmelder und über den Signalhebeln angeordnete Magnetschalter.

Ein mechanisches Einheitsstellwerk mit Wechselstrom-Bahnhofsblockung baut die ME im Bahnhof Metzingen ein.

Diese Detailaufnahme zeigt den Wechselstrom-Befehlsblock im Bahnhof Metzingen.

Im Hüttenbahnhof Oberhausen ist Ende der 1930er-Jahre dieses mechanische Einheitsstellwerk mit freistehenden Fahrstraßenhebeln und Schaltern für Licht-Tagessignale zu finden.

Hier sehen wir den Spannwerkraum mit Einheitsspannwerken des Stellwerkes im Hüttenbahnhof Oberhausen.

Das Stellwerk im Bahnhof Bempflingen verfügt über eine mechanische Fahrstraßenfestlegung der Bauart G an der Innenwand des Fahrdienstzimmers und am Signalkurbelwerk auf der Hebelbank. Die Auflösung der Festlegung erfolgt vom Bahnsteig aus.

Hier blicken wir auf ein hintenliegendes Verschlussregister für ein Weichen- und Signalstellwerk, das gerade montiert wird.

Diese Aufnahme zeigt ein Gestell zur Aufnahme der Signalrückmelder und Magnetschalter hinter den Signalhebeln mit plombierbarem Kabelkanal.

Anfang der 1930er-Jahre befinden sich in der Abteilung S der ME zahlreiche mechanische Einheitsstellwerke für die Deutsche Reichsbahn in der Fertigung.

Um 1935 ist diese Aufnahme entstanden. Ein mechanisches Einheitsstellwerk wartet in der Halle des Lokomotivbaus auf den Abtransport.

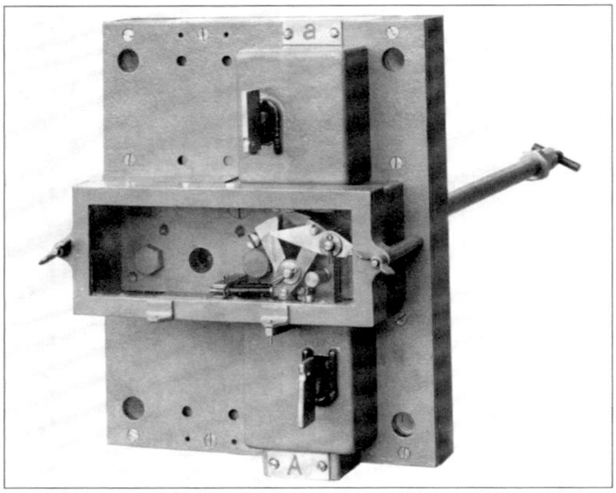

1937 stellt die ME eine mechanische Fahrstraßenfestlegung vor. Bei dieser erfolgt der Schlüsselwechsel im Fahrdienstraum und die Auflösung vom Bahnsteig aus. Oben sehen wir eine Detailansicht des geöffneten Mechanismus, auf der unteren Aufnahme dagegen die Schlüssellöcher für die Auflösung vom Bahnsteig aus am Bahnhofsgebäude.

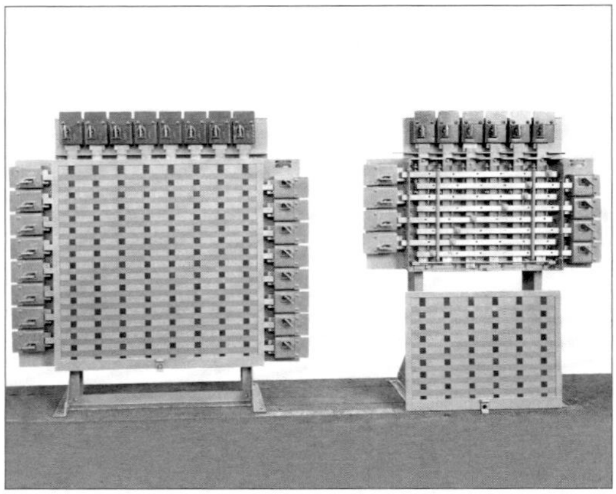

Hier hat der Werksfotograf ein Schlüsselwerk der Bauart 1940 zur provisorischen Weichensicherung verewigt.

Auch der Drahtzugweichenhebel der Bauart G ist eine Neukonstruktion der Maschinenfabrik Esslingen

Christoph Riedel

Stadtbahnbetrieb der Albtal-Verkehrsgesellschaft im Karlsruher Umland

Wer aus der Großstadt mit öffentlichen Verkehrsmitteln ins Umland reisen will, muss in der Regel zunächst die Straßenbahn oder den Bus nehmen, um an der nächsten Bahnstation oder dem Hauptbahnhof in den Regionalzug umzusteigen. Dazu ist meist ein Fußmarsch vom Bahnhofsvorplatz zum Bahnsteig des gewünschten Regionalzuges nötig. Dieses Prozedere ist umständlich und wenig kundenfreundlich. Um den Nahverkehr für die Reisenden attraktiver zu gestalten, ging man im Raum Karlsruhe einen völlig neuen Weg: Zur Vermeidung des lästigen und zeitraubenden Umsteigevorgangs soll die Bahn mit Fahrzeugen, die sowohl auf den Straßenbahnlinien der Innenstadt als auch auf den Eisenbahnstrecken im Umland verkehren können, möglichst viele Orte im Umland direkt mit dem Zentrum verbinden.

Verantwortlich für dieses heute unter dem Namen „Karlsruher Modell" bekannte Konzept ist die Albtal-Verkehrsgesellschaft (AVG), ein am 17. April 1957 von der Stadt Karlsruhe gegründetes Unternehmen, das zunächst die Aufgabe hatte, die Sanierung der damals meterspurigen Albtalbahn nach Bad Herrenalb durchzuführen. Nach Umspurung auf Normalspur und Anschluss an das städtische Straßenbahnnetz bot

Wagen 911 ist ein GT 8-100 D/2S-M mit Panoramaabteil, der hier am 23. August 2013 in Unteröwisheim (Strecke Menzingen–Bruchsal) unterwegs ist

Auf der Fahrt von Menzingen in Richtung Bruchsal rollt am 23. August 2013 ein GT 8/100 C/2S dem nächsten Halt in Oberöwisheim entgegen.

Der Fahrtzielanzeiger des Triebwagens 844 (GT8-100D/2S-M) zeigt ein falsches Fahrtziel an, denn das Fahrzeug befindet sich am 23. August 2013 bei Oberöwisheim auf der Fahrt nach Menzingen.

die AVG in der Folge umsteigefreie Zugverbindungen nach Bad Herrenalb und vom Abzweigbahnhof Busenbach nach Ittersbach an, wobei das Stromsystem mit 750 Volt Gleichstrom dem des Karlsruher Straßenbahnnetzes entsprach. Außerdem erfolgte die organisatorische Verbindung von AVG und den Karlsruher Verkehrsbetrieben (KVB), die den Straßenbahnverkehr in Karlsruhe durchführten. Die Kooperation mit den KVB besteht in einer gemeinsamen Verwaltung, der gemeinsamen Nutzung von Werkstätten und einem gemeinsamen Fahrzeugpool. Damit war die Voraussetzung für einen späteren einheitlichen Betrieb auf Stadt- und Umlandstrecken geschaffen.

Ein weiterer Schritt auf dem Weg zum heutigen Netz erfolgte 1979, als auf der Strecke in den Ortsteil Neureut erstmalig auch ein Gleisabschnitt der DB genutzt wurde. Bei der Weiterführung dieser Strecke nach Hochstetten fand ein weiteres, vorher im Personenverkehr stillgelegtes Streckenstück der Bundesbahn Verwendung. Auch hier erfolgte die Elektrifizierung mit 750 Volt Gleichstrom. Triebwagen für dieses

Nr.892 ist ein Panoramawagen des Typs GT8-100D/2S-M. (Gochsheim, 23. August 2013)

Nr.874 gehört ebenfalls zum Typ Panoramawagen GT8-100D/2S-M. (Gochsheim, 23. August 2013)

Stromsystem waren zunächst die Typen GT6-80 C (Baujahre ab 1983) und GT8-80 C (Baujahre 1989 und 1991).

Um auch im regulären Eisenbahnbetrieb befahrene Strecken in das System integrieren zu können, wurden ab 1991 Fahrzeuge angeschafft, die sowohl auf den mit Gleichstrom elektrifizierten Strecken als auch auf DB-Strecken, die bekanntlich mit 15000 Volt Wechselstrom betrieben werden, eingesetzt werden können. Erste Fahrzeuge dieser Art waren die des Typs GT8-100C/2S und als erste Strecke des Zweisystemnetzes ging 1992 die Linie Karlsruhe–Bretten mit dem Endpunkt Gölshausen in Betrieb, die heute bis Öhringen-Cappel führt. Der Ort liegt östlich von Heilbronn an der Bahnstrecke nach Crailsheim. Die Eröffnung dieser Strecke gilt als Geburtsstunde des „Karlsruher Modells".

Vor dem planmäßigen Einsatz der Triebwagen mussten jedoch sowohl juristische als auch technische Probleme über die Anpassung an zwei unterschiedliche Stromsysteme hinaus gelöst werden, denn das Fahren auf Eisenbahnstrecken unterliegt der Eisenbahnbau- und

Nr. 812 gehört zur Baureihe GT 8-100 C/2S und ist bei den Verkehrsbetrieben Karlsruhe eingereiht. Am 23. August 2013 bedient er gemeinsam mit einem GT 8-100 D/2S-M der Albtal-Verkehrsbetriebe die Strecke Menzingen–Bruchsal.

Wagen 861 ist am 23. August 2013 auf der Strecke 3 von Bruchsal nach Menzingen unterwegs.

Auch Wagen 861 zeigt den falschen Zielbahnhof an. Der GT 8-100 D/2S-M ist am 23. August 2013 auf dem Weg nach Menzingen.

Auch die AVB setzten 2013 ihre GT 8-100 C/2S auf der Menzinger Strecke ein (23. August 2013 Oberöwisheim)

Im Bahnhof Unteröwisheim besteht für die Züge der Menzinger Strecke eine Kreuzungsmöglichkeit (23. August 2013)

Betriebsordnung (EBO), während auf Straßenbahnstrecken die Straßenbahnbau- und Betriebsordnung (BOStrab) gilt. Beide Vorschriften kennen unterschiedliche Anforderungen bezüglich Fahrzeugmaßen, Radreifenprofil, Verwindungssteifheit und Bremsvermögen. Um beiden Betriebsordnungen gerecht zu werden, wurden die im Mischbetrieb eingesetzten Triebwagen an beide Vorschriften angepasst. Die Radreifen besitzen so ein Mischprofil, das das Befahren von Straßenbahn- und Eisenbahnstrecken erlaubt. Für den Einsatz als Eisenbahnfahrzeug verfügen die Triebwagen außerdem über eine Sicherheitsfahrschaltung und punktförmige Zugbeeinflussung. Um auch Straßenbahnstrecken befahren zu können, sind sie zudem mit einer induktiven Weichensteuerung ausgestattet. Die geringere Längssteifigkeit von Stadtbahnen wird ausgeglichen durch eine schneller als bei schweren Eisenbahnfahrzeugen wirkende Bremse und eine verstärkte Front in Höhe der Puffer von Eisenbahnfahrzeugen. Verboten ist allerdings der Einsatz auf Eisenbahnstrecken mit einer zulässigen Höchstgeschwindigkeit von mehr als 160 km/h. Für den Einsatz im Straßenbahnnetz sind die Fahrzeuge für das Befahren von Gleisradien bis hinunter auf 25 m konzipiert. Fahrzeuge, die nur nach der EBO zugelassen werden, müssen Gleisradien von 180 m durchfahren können. Auch die Fahrzeugbreite der in beiden Betriebsordnungen zugelassenen Triebwagen darf 2,65 m nicht überschreiten, nach EBO wären Breiten von 2,8 bis 3 m zulässig.

Bei den seitdem eingesetzten verschiedenen Triebwagentypen muss man – wie bereits angedeutet – einerseits unterscheiden zwischen Fahrzeugen, die ausschließlich für das 750-Volt-Gleichspannungsnetz konzipiert wurden und

Der DB-Triebwagen 450-005 (Nr.816) gehört seit 2019 zur AVG (Odenheim, 23. August 2013)

Panoramawagen 916 auf der Strecke Bruchsal – Odenheim (Odenheim 23. August 2013)

27,3 Kilometer lang ist die Bahnstrecke von Bruchsal nach Odenheim. Zwischen 1960 und 1986 wurde der Betrieb auf dem bis Hilsbach führenden Streckenstück eingestellt. Seit 1998 ist die verbliebene Strecke Odenheim-Bruchsal elektrifiziert und in das Karlsruher Stadtbahnnetz integriert. (Odenheim, 23. August 2013)

Wagen 857 am heutigen Endpunkt der Strecke von Bruchsal in Odenheim. (23. August 2013)

Wagen 820 ist einer der fünf ehemaligen DB-Triebwagen. Am 28. August 2021 befährt er die zweigleisige Strecke zwischen Karlsruhe und Bretten bei Jöhlingen.

Auch Wagen 820 ist ein ehemaliges DB-Fahrzeug (450 004). Am 28. August 2021 trifft er im Bahnhof von Bretten auf einen Regionalexpress.

Wagen 882 (GT8-100 D/2S-M) am 28. August auf der Fahrt von Bretten nach Karlsruhe

Triebwagen, die auf beiden Stromsystemen eingesetzt werden können, andererseits gibt es aber auch Fahrzeuge, die lediglich für den Einrichtungsverkehr gebaut wurden. Hierbei handelt es sich ausschließlich um solche für den Gleichstrombetrieb. Die Zweirichtungsfahrzeuge sind alle für beide Stromsysteme geeignet.

Einrichtungsfahrzeuge (alle 750 V Gleichstrom):
- GT6-80 C
- GT8-80 C
- GT8-80 C „Panorama" (Der mittlere Wagenteil ist mit Panoramascheiben ausgestattet)
- NET 2012

Zweirichtungsfahrzeuge (750 V Gleichstrom und 15 KV Wechselstrom):
- GT8-100C/2S
- GT8-100D/2S-M
- GT8-100D/2S-M „Bistro"
- GT8-100D/2S-M „Panorama"
- ET 2010

Nicht nur die Albtalbahn, auch die Karlsruher Verkehrsbetriebe haben eine ganze Reihe dieser Fahrzeuge beschafft, zum Beispiel die Typen GT8-80 C in beiden Versionen, GT8-100C/2S oder NET 2012. Selbst die DB AG besaß bis 2019 die Fahrzeuge mit den Nummern 816 bis 820 (GT8-100C/2S). Dort hatten sie die Baureihennummer 450 (450 001–450 005) erhalten. Wagen 816 (450 005) kam allerdings erst 2001 zur DB als Ersatz für Nr. 818 (450 002), der nach einem Brand verschrottet werden musste.

Die ältesten Fahrzeuge der Baujahre 1983/84 (GT6-80 C) waren die ersten mit einer Fahrzeugbreite von 2,65 m und wurden von der damaligen Waggon-Union in Berlin hergestellt. Da die Fahrzeuge breiter waren als die im Karlsruher Straßenbahnnetz eingesetzten Triebwagen, musste im Stadtgebiet Karlsruhe der Gleisabstand entsprechend angepasst werden. Die lediglich zweiteiligen Triebwagen erwiesen sich aber schon bald als zu klein und so beschaffte die

Etwas weiter südlich ist am selben Tag bei Wössingen Wagen 885 in der Gegenrichtung unterwegs

AVG das Nachfolgefahrzeug der Reihe GT 8-80C dreiteilig mit fünf Türen (Hersteller: Duewag/15 Stück) und die noch vorhandenen älteren Fahrzeuge (25 Stück) wurden entsprechend verlängert. Zehn Fahrzeuge der Reihe GT 8-80C erhielten ein Mittelteil mit Panoramafenstern, dafür entfiel hier die bei den längeren Fahrzeugen eingebaute fünfte Tür. Fünf davon waren ehemalige GT6-80C, die ein zusätzliches Mittelteil erhalten hatten. Für den Einsatz der Einrichtungsfahrzeuge des Gleichstromnetzes müssen auf den entsprechenden Strecken an den Endpunkten Wendeschleifen vorgehalten werden, wie man sie zum Beispiel in Ittersbach, Bad Herrenalb oder am Haltepunkt Langensteinbach-St. Barbara findet.

Technische Daten der verschiedenen Fahrzeuge

	GT6-80C	GT8-80C	GT8-100C/S2	GT8-100D/2S-M	ET 2010	NET 2012
Baujahr	1983-84	1987,1989-91	1991-94	1997-2000 2002-2005	2010-18	2017-19
Länge	28 m	37 m	37 m	37 m	37 m	37,2 m
Breite	2,65 m	2,65 m	2,65 m	2,65 m	2,65 m	2,65 m
Achsfolge	B`2`B`	B´2`2`B`	B´2`2`B`	Bo`2`2`Bo`	B`2`B`	Bo`2`2`Bo`
Leistung	2 x 235 kw	2 x 280 kw	2 x 280 kw	4 x 127 kw	2 x 280 kw	4 x 125 kw
Stromsystem	750 V DC	750 DC	750 V DC/ 15 KV AC	750 V DC/ 15 KV AC	750 V DC/ 15 KV AC	750 V DC
Gewicht	42000 kg	51000 kg	58600 kg	59800/ 62000 kg	62500 kg	58100 kg
Vmax	80 km/h	80 km/h	90 km/h	100 km/h	100 km/h	80 km/h

Der Bahnhof von Wössingen besitzt auch heute noch sein imposantes Empfangsgebäude. Hier kreuzen die Züge auf dem Weg von und nach Bretten. (28. August 2021)

Die Fahrzeuge der Baureihe GT6-80C sind inzwischen nicht mehr im Einsatz. 2019 wurden die letzten Triebwagen aus dem Verkehr gezogen, ein Fahrzeug (Nr. 502) blieb erhalten und soll musealen Zwecken dienen. Auch die etwas neueren GT 8/80C werden seit 2107 sukzessive durch Neubaufahrzeuge der Reihe NET2012 (s.u.) ersetzt. Auch von dieser Reihe soll ein Fahrzeug (Nr. 552) als Museumsfahrzeug erhalten bleiben.

Die ab 1991 eingesetzten Zweisystemfahrzeuge der Reihe GT8-100C/S2 entstanden, nachdem der Stadtbahnwagen 501 (Reihe GT 6-80C) vorübergehend in ein Zweisystemfahrzeug umgebaut und längere Zeit erprobt worden war. Die neuen Fahrzeuge wurden ebenfalls von Duewag hergestellt und ähneln im äußeren Erscheinungsbild den GT8-80 C. Als Zweisystemfahrzeuge können sie sowohl auf den Straßenbahnlinien in Karlsruhe als auch auf allen AVG- oder elektrifizierten DB-Strecken fahren, wobei die Umschaltung von 750 Volt Gleichstrom auf 15000 Volt Wechselstrom automatisch erfolgt. Wegen der auf Eisenbahnstrecken üblicherweise fehlenden Wendeschleifen sind diese Triebwagen als Zweirichtungsfahrzeuge konzipiert worden.

Ab 1997 erfolgte der Einsatz der auch von Duewag stammenden Nachfolgebaureihe GT 8-100-D/2S-M mit Drehstromtechnik und Einzelachsantrieb der führenden Drehgestelle. Die Fahrzeuge erhielten einen moderneren Wagenkasten, sind steilstreckentauglich und können deshalb auch auf dem anspruchsvollen Streckenabschnitt Baiersbronn–Freudenstadt der Murgtalbahn eingesetzt werden.

Nr. 860 der AVG ist ein Triebwagen der Reihe GT 8-100 D/2S-M ohne Panorama- oder Bistroabteil. Den Bahnhof Grötzingen verlässt das Fahrzeug am 28. August 2021 auf der S 5 in Richtung Wörth.

Noch einmal der Bahnhof von Grötzingen: Der Blick fällt vom Mittelbahnsteig aus auf Wagen 820 und das Empfangsgebäude. (28. August 2021)

Die Triebwagen 922 und 847 am 29. August 2021 in Friedrichstal auf der Murgtalbahn

Bei Christophstal überquert Wagen 917 (Panorama) am 29. August 2021 einen kleinen Viadukt.

Zahlreiche dieser Triebwagen erhielten im Mittelteil ebenfalls Panoramafenster, die inzwischen allerdings nach und nach wegen der schwierigen Ersatzteilbeschaffung wieder verschlossen werden. Ab dem Baujahr 2004 wurden bei dieser Baureihe auch Toiletten im mittleren Wagenteil vorgesehen. Vier Triebwagen aus der Bauserie des Jahres 1997 (Wagen 845–848) wurden mit einem sogenannten „RegioBistro“ im mittleren Wagenteil und einer Toilette ausgestattet. Das Bistroabteil ist inzwischen bei Wagen 845 wieder entfernt worden. Ein völlig neu gestalteter Wagenkasten, besserer Schutz der Fahrgäste bei Zusammenstößen und eine Klimaanlage sind die Kennzeichen der ab 2010 in Dienst gestellten Triebwagen der Baureihe ET 2010 (Flexity Swift), die von Bombardier von Anfang an auch für den Betrieb im neuen Karlsruher Stadtbahntunnel hergestellt wurden. Auch diese Fahrzeuge verfügen über eine Toilettenanlage. Für den niveaugleichen Eintritt können die

Freudenstadt besitzt zwei Bahnhöfe: Freudenstadt Stadt und Freudenstadt Hbf. Im Stadtbahnhof treffen sich am 29. August 2021 die Panoramatriebwagen 914 und 922 (GT 8-100 D/2S-M).

Wagen 876 gehört der gleichen Baureihe an. Die Panoramascheiben werden in Zukunft allerdings verschwinden. (Freudenstadt Hbf 29. August 2021)

Einfahrt zweier Panoramatriebwagen in den Hauptbahnhof von Freudenstadt. (29. August 2021)

Trittstufen an verschiedene Einstiegshöhen angepasst werden. Die Transportkapazität wuchs gegenüber den älteren Fahrzeugen um rund zehn Prozent.

Jüngstes Mitglied der Karlsruher Triebwagenfamilie ist mit 25 Exemplaren der ab 2017 von Vossloh Rail Vehicles in Valencia und Vossloh Kiepe Electric für 750-Volt-Gleichstromstrecken als Einrichtungsfahrzeug gebaute „NET 2012" (Citylink), der als Niederflurfahrzeug mit einer Einstiegshöhe von 34 cm ebenfalls klimatisiert ist und mit Luftfederung ausgezeichneten Fahrkomfort bietet. Versteckte Puffer nehmen bei Zusammenstößen die Aufprallenergie auf und bieten neben den starken Bremsen erhöhte Sicherheit für die Fahrgäste. Zunächst lediglich nach BOStrab zugelassen, dürfen die Fahrzeuge außer im Stadtbereich Karlsruhe inzwischen auch nach der EBO auf den Eisenbahnstrecken nach Ittersbach und Bad Herrenalb (750 Volt Gleichstrom) eingesetzt werden. Eigentümer dieser ebenfalls für das Befahren des neuen Karlsruher Stadtbahntunnels geeigneten Triebwagen sind die „Verkehrsbetriebe Karlsruhe".

Das Einsystemnetz mit 750 Volt Gleichspannung besteht einerseits aus reinen Straßenbahnstrecken der Stadt Karlsruhe, auf die hier nicht näher eingegangen wird, und einer Mischform aus Strecken der AVG nach Ittersbach und Bad Herrenalb, Teilen des Straßenbahnnetzes Karlsruhe und der ehemaligen DB-Strecke „Hardtbahn", die teilweise neu trassiert wurde. Auch im Zweisystemnetz gibt es Linien, die teils auf Straßenbahnstrecken und teils auf Eisenbahnstrecken der AVG oder der DB AG verkehren. Als Beispiel sei hier die Strecke Pforzheim–Bad Wildbad genannt, wo die Eisenbahnstrecke im Stadtgebiet Bad Wildbad um einen nach BoStrab befahrbaren Teil erweitert wurde. Außerdem werden einige Linien wie die nach Menzingen und Odenheim im reinen Eisenbahnbetrieb befahren. Folgende Linien werden zurzeit nach dem „Karlsruher Modell“ im Großraum Karlsruhe bedient:

- S1: Bad Herrenalb–Linkenheim-Hochstetten (GT 8-80 C / NET 2012)
- S11: Ittersbach–Linkenheim-Hochstetten (GT 8-80 C bis 2021 / NET 2012)
- S31: Odenheim–Karlsruhe Hbf (GT 8-100 C/2S / GT 8-100 D/2S-M)
- S32: Menzingen–Karlsruhe Hbf (GT 8-100 C/2S / GT 8-100 D/2S-M)
- S34: Bretten–Bruchsal (wird planmäßig von Abellio bedient, lediglich vier Züge in Tagesrandlage werden von den AVG gestellt)
- S4: Öhringen-Cappel–Heilbronn–Bretten–Karlsruhe Albtalbahnhof (GT 8-100 C/2S / GT 8-100 D/2S-M)
- S41: Heilbronn–Mosbach (ET 2010)
- S42: Heilbronn–Sinsheim (ET 2010)
- S5: Pforzheim–Wörth Badepark (ET 2010 / GT 8-100 C/2S / GT 8-100 D/2S-M)
- S51: Pforzheim–Germersheim (ET 2010)
- S52: Karlsruhe Tullastraße–Germersheim (ET 2010)
- S6: Pforzheim–Bad Wildbad (GT 8-100 C/2S / GT 8-100 D/2S-M)

Nr.916 der AVG hat bereits seine Panoramafenster eingebüßt. Diese Baureihe hat die Zulassung für Steilstrecken und darf im Murgtal bis Freudenstadt fahren. (Heselbach 29. August 2021)

Wagen 915 ist einer der in abweichenden Farben gehaltenen Triebwagen. Wir sehen ihn hier zusammen mit einem Schwesterfahrzeug bei der Einfahrt in Forbach. (30. August 2021)

Am 30. August 2021 meinte es der Wettergott nicht gut mit dem Fotografen. Tiefe Wolken hingen über dem Murgtal und Triebwagen 910 bei Forbach.

Triebwagen 847 besitzt im mittleren Wagenteil ein Bistroabteil. (Forbach 30. August 2021)

- S7: Karlsruhe Tullastraße–Achern (ET 2010 / GT 8-100 C/2S / GT 8-100 D/2S-M)
- S71: Karlsruhe Hauptbahnhof–Achern (GT 8-100 C/2S / GT 8-100 D/2S-M)
- S8: Karlsruhe Tullastraße–Rastatt–Freudenstadt–Bondorf (-Herrenberg) (GT 8-100 C/2S / GT 8-100 D/2S-M)
- S81: Karlsruhe Hbf–Rastatt–Freudenstadt (-Bondorf/Herrenberg) (GT 8-100 C/2S / GT 8-100 D/2S-M)

Geplant ist, die Linien S 31 und S 32 nicht mehr im Hauptbahnhof enden, sondern die Innenstadt anfahren zu lassen. Die Linie S 2 Spöck –Karlsruhe Kronenplatz–Rheinstetten wird von der AVG betrieben, aber von den Karlsruher Verkehrsbetrieben bedient.

In Zukunft könnte sich an dem hier beschriebenen System einiges ändern. Das Karlsruher Netz wird in Zukunft bei der Vergabe von Zugleistungen aus zwei Netzen bestehen (Netz 7a und 7b). Netz 7a (Zweisystemverkehre) wird direkt an die AVG vergeben, Netz 7b (reine Eisenbahnverkehre) soll europaweit ausgeschrieben und langlaufende Linien dann nicht mehr in die Innenstadt, sondern zum Karlsruher Hauptbahnhof geführt werden. Dabei kommen moderne und komfortable Eisenbahnfahrzeuge zum Einsatz, die alle mit Toiletten und größeren Kapazitäten für den Fahrradtransport ausgestattet sind. So wird ab Dezember 2022 beispielsweise ein zweistündlich verkehrender Regionalexpress zwischen Karlsruhe Hbf und Freudenstadt Hbf verkehren, der den aktuellen S81-Eilzug der AVG ersetzt. Da die Linien S 41 und S 42 nicht zu diesem Vergabenetz gehören, werden sie von diesen Änderungen nicht betroffen sein ebenso wie die Linien S1, S11 und S2, die ausschließlich durch kommunale Mittel finanziert werden.

In Langenbrand auf der Murgtalbahn finden Zugkreuzungen statt. Nachdem der Gegenzug den Bahnhof verlassen hat, kann Triebwagen 878 den Bahnhof in Richtung Karlsruhe verlassen. (30. August 2021)

Bei Weisenbach überquert Panoramatriebwagen 898 auf einer Brücke die Murg. (30. August 2021)

Der etwas oberhalb der Brücke gelegene Bahnhof von Weisenbach (30. August 2021)

Nr.848 (Bistro) gemeinsam mit Nr.915 am 30. August 2021 bei Hilpertsau im Murgtal

In Bad Herrenalb endet die 750-Volt-Strecke S 1 von Linkenheim-Hochstetten in einer schönen Bahnhofshalle, die bei Einfahrt in den Bahnhof über die Wendeschleife erreicht wird. Wagen 392 (NET 2012) verlässt am 31. August 2021 Bad Herrenalb und passiert dabei ein musealen Zwecken dienendes Formsignal.

Im Bahnhof Ittersbach dient das linke Gleis als Abstellanlage, während auf dem rechten Gleis die Triebwagen nach Ittersbach Rathaus weiterfahren. (30. August 2021)

Wagen 947 (ET 2010) bei der Einfahrt in den Bahnhof von Wildbad. Von hier aus wurde eine Neubaustrecke, die nach BOStrab bedient wird, bis zum Kurpark des Ortes gebaut. (31. August 2021)

Auf der Linie S 6 in Richtung Pforzheim unterwegs ist am 31. August 2021 Wagen 856 bei Calmbach.

Die Strecke Pforzheim–Bad Wildbad – hier in der Ortslage von Calmbach – wird überwiegend nach der EBO bedient. Nur das kurze Streckenstück im Ortskern von Bad Wildbad gilt als Straßenbahnstrecke (31. August 2021)

Wagen 871 (Panorama) passiert den Bahnübergang bei Höfen an der Strecke Pforzheim – Bad Wildbad am 31. August 2021

Wagen 814 gehört zum Typ GT 8-100 C/2S und ist am 31. August bei Höfen auf der Strecke Bad Wildbad – Pforzheim im Einsatz

Nördlich von Neuenbürg teilen sich die Bahnstrecke Bad Wildbad – Pforzheim und die Bundesstraße 294 den knappen Verkehrsraum im Enztal. (31. August 2021)

Zwei verschiedene Triebwagengenerationen gemeinsam bei Neuenbürg auf dem Weg nach Bad Wildbad: Nr. 814 (GT 8-100 C/2S) und ein unbekannter Wagen des Typs GT 8-100 D/2S-M. (31. August 2021)

In den späten Nachmittagsstunden werden die Züge im Enztal verstärkt und so rollen am 31. August 2021 kurz nach 16 Uhr zwei Triebwagen bei Neuenbürg in Richtung Pforzheim.

Auch die Triebwagen der Reihe ET 2010 sind für zwei Stromsysteme geeignet (750 V DC/ 15 KV AC) und können deshalb im Enztal eingesetzt werden. (Bad Wildbad, 31. August 2021)

Kurz vor Neuenbürg beträgt die Höchstgeschwindigkeit auf der Strecke Bad Wildbad – Pforzheim 70 km/h (31. August 2021)

Triebwagenpärchen im Murgtal bei Huzenbach am 4. September 2021

Haltepunkt Baiersbronn an der Murgtalbahn am 4. September 2021. Zwischen Baiersbronn und Freudenstadt beträgt die Streckenneigung 50 Promille, so dass nur steilstreckentaugliche Triebwagen eingesetzt werden dürfen.

Wagen 853 und 847 am 4. September 2021 im Murgtal bei Schwarzenberg.

Wagen 366 ist ein Gleichstromtriebwagen der Reihe NET 2012. Das Fahrzeug ist am 2. September 2021 auf der Strecke nach Bad Herrenalb eingesetzt (Frauenalb).

Wagen 853 ohne Panoramaabteil und ein Wagen 847 mit Bistroabteil und Toilette sind am 4. September 2021 bei Röt im Murgtal auf dem Weg nach Freudenstadt.

Zwei Triebwagen des Typs NET 2012 legen am 2. September 2021 im Bahnhof Frauenalb auf der Fahrt in Richtung Karlsruhe einen Zwischenstopp ein.

Triebwagenpärchen des Typs NET 2010 am 2. September 2021 bei Marxzell auf dem Weg nach Bad Herrenalb.

In Fischweier ist das schöne Empfangsgebäude erhalten geblieben, wird allerdings heute privat genutzt. (2. September 2021)

Wagen 392 gehört zu der neuesten Generation von Stadtbahnwagen vom Typ NET 2012. Es sind Einrichtungsfahrzeuge für das 750 Volt-Netz. 75 Fahrzeuge wurden in Karlsruhe angeschafft, davon gehören 39 der AVG, der Rest den Karlsruher Verkehrsbetrieben. (Busenbach 2. September 2021)

Auf dem Streckenabschnitt zwischen Ettlingen und Busenbach verkehren die Züge nach Bad Herrenalb und Ittersbach gemeinsam. (Busenbach, 2. September 2021)

Wie man unten sieht besitzt Ettlingen eine sehr schöne Bahnhofshalle für die Züge nach Bad Herrenalb und Ittersbach. (Ettlingen, 2. September 2021) Hier ist Triebwagen 358 gerade in der Bahnhofshalle des Bahnhofs Ettlingen am 2. September 2021

Ausfahrt des Triebwagens 395 (NET 2012) aus der schönen Bahnhofshalle von Busenbach. Ziel der Fahrt wird am 2. September 2021 Bad Herrenalb sein.

Der Blick in die Gegenrichtung zeigt Wagen 355 ebenfalls bei der Ausfahrt aus Busenbach. Die Fahrt wird über eine steile Rampe und eine Brücke über die Bahnstrecke nach Bad Herrenalb in Richtung Ittersbach gehen. (2.September 2021)

Zwischen Ittersbach und Spielberg führt die Bahnstrecke nach Busenbach durch ein größeres Waldgebiet. (3. September 2021)

Wagen 360 ist zu Werbezwecken rot lackiert. (Spielberg/Baden, 3. Septmber 2021)

Dieses Einrichtungsfahrzeug der Reihe GT 8-80 C gehört den Karlsruher Verkehrsbetrieben. Es besitzt keinen „Panoramazwischenwagen", dafür aber die fünfte Tür. Der Triebwagen befährt am 3. September 2021 die Strecke nach Ittersbach.

Am Ende der Ittersbacher Strecke wenden die Einrichtungsfahrzeuge mittels einer Wendeschleife. (3. September 2021)

Im Begegnungsbahnhof Langensteinbach wartet Nr. 338 wegen der Eingleisigkeit der Strecke die Ankunft des Gegenzuges ab. (3. September 2021)

„Panorama-Pärchen“ auf der Murgtalstrecke bei Huzenbach am 4. September 2021

AVG-Triebwagen fern der Heimat: Nr. 846 mit Panoramafenster und Bistroabteil als Sonderzug zum Evangelischen Kirchentag in Dortmund unterhalb von Burg Altena im Sauerland. (19. Juni 2019)

Kleiner Auszug aus unserem Programm

Rennmax, Horex-Gespann, Güldner SS 25, Münch 500 RS, Norton 18H, Opel, MZ 125 RE, Condor D 50, NSU OSL, FKS 250/500, Parilla 250 und andere

144 Seiten, 320 Bilder, 28 x 22 cm
Festeinband, ISBN 9783861336488
EUR 24,90 Bestellnummer **648**

Gewaltige Tagebaugeräte im Einsatz: Eimerkettenbagger, Schaufelradbagger weltweit, kompakte Schaufelradbagger, Absetzer und Schwimmbagger.

240 Seiten, 770 Bilder, 28 x 21 cm
Festeinband, ISBN 9783751610285
EUR 39,90 Bestellnummer **1028**

Geschichte der Bahnstrecken in Franken, Oberpfalz und Niederbayern, Schwaben und Oberbayern. Exzellente Fotografien, faszinierende Landschaften.

120 Seiten, 310 Bilder, 28 x 21 cm
Festeinband, ISBN 9783751610636
EUR 24,90 Bestellnummer **1063**

Die spannende Geschichte der berühmten Tauernbahn. Strecken, Bahnhöfe, Lokomotiven und die unbeschreiblich schöne Landschaft. Erstklassiger Bildband!

176 Seiten, 480 Bilder, 28 x 22 cm
Festeinband, ISBN 9783751610346
EUR 29,90 Bestellnummer **1034**

Fahrzeuge der Werkfeuerwehren von AEG, Bosch, Grundig, MAN, Siemens, Triumph, Post und Bahn, Quelle, des Flughafens, der US-Army u.a.

220 Seiten, 590 Bilder, 28 x 21 cm
Festeinband, ISBN 9783861339847
EUR 39,90 Bestellnummer **984**

Die schönsten Fotos legendärer Maschinen wie Bücker, Cessna, Fieseler, Focke-Wulf, Junkers, Messerschmitt, Super Constellation, Spitfire und viele andere.

144 Seiten, 280 Bilder, 28 x 21 cm
Festeinband, ISBN 9783861338383
EUR 29,90 Bestellnummer **838**